股权为王

股权激励、股权合伙、股权投融一本通

包启宏◎著

人民邮电出版社

北京

图书在版编目（CIP）数据

股权为王：股权激励、股权合伙、股权投融一本通 / 包啟宏著. -- 北京：人民邮电出版社，2018.10（2021.6重印）
ISBN 978-7-115-49418-4

Ⅰ．①股… Ⅱ．①包… Ⅲ．①股权—基本知识 Ⅳ.
①F830.91

中国版本图书馆CIP数据核字（2018）第213879号

内 容 提 要

本书作者根据自己多年来的管理培训实践经验，结合企业在不同成长阶段所面临的问题和挑战，针对企业管理者、创业者对股权认知的不足，以"股权合伙""众筹天下""股权激励"三大模块的内容来具体阐述股权配置与企业治理的新思路，希望能为商界人士提供一点点有益的帮助。

◆ 著　　　　包啟宏
　　责任编辑　单元花
　　责任印制　彭志环

◆ 人民邮电出版社出版发行　　北京市丰台区成寿寺路 11 号
　　邮编　100164　　电子邮件　315@ptpress.com.cn
　　网址　https://www.ptpress.com.cn
　　涿州市京南印刷厂印刷

◆ 开本：700×1000　1/16
　　印张：14.5　　　　　　　　　2018 年 10 月第 1 版
　　字数：197 千字　　　　　　　2021 年 6 月河北第 8 次印刷

定价：49.80 元

读者服务热线：（010）81055493　印装质量热线：（010）81055316
反盗版热线：（010）81055315
广告经营许可证：京东市监广登字 20170147 号

前　言

弹指之间，我在股权咨询、培训领域从业已经 14 年了，回顾往事，真是日月如梭！

我还记得刚刚步入这个行业的时候，接触的客户基本上是以国企为主，在民营企业中，除了极少的上市公司外，很多企业主对股权不感兴趣，更谈不上关注了。

随着时代的变化，国内数以百万、千万计的民营企业家开始慢慢觉醒，他们逐渐认识到了股权的重要性。股权一度在这几年间成了企业家学习的主要内容。

处在这样一个风口中，我作为股权界的一个资深老兵，由衷地感到高兴和庆幸。不过，我想说：事实上，对于绝大多数民营企业家而言，大部分人不是自觉重视股权的，而是被逼的。

因为今天的股权热，背景是中国的商业经济从当年的产品短缺、有货就能卖掉的处境，快速升级到了产品过剩甚至泛滥、是货就难卖的境地。而民营经济从当年的只要胆大，即开个店就能卖货、开个工厂就能挣钱的时代，到今天的各行各业都出现了白热化的竞争。

对大部分企业经营者来说，资金、胆魄都不再是决定商业竞争成败的核心要素了。那么，什么是这个时代决定商业成败的核心要素呢？

答案就是：人才和团队。

竞争是企业的生命，是促进企业发展的动力，一家企业能否在竞争激烈的时代脱颖而出，必须重视以下几点：

如何吸引顶尖人才？如何打造顶尖团队？如何激发顶尖人才？如何锁定顶尖人才不流失？

在大部分企业中，以上几点成为制约很多企业发展壮大、持续发展壮大的瓶颈。对绝大部分企业而言，与其说是缺钱、缺市场，不如说是缺能赚到钱、打开市场的人才。更重要的是，这些人才为什么要为你所用？企业家必须思考一个问题：如何让人才和团队分享企业成长的收益。企业家的思维必须从"好人才有好报"变为"设计好好报，才会出现好人"，于是股权激励机制的设置，就成了这个时代的必然。

当然，股权的作用不局限于人才激励层面，对一位企业家而言，他如何选股东？如何吸引投资人？如何进行资本运作？事实上都与股权息息相关，可以说没有好的股权机制，就没有一家企业的发展壮大。

在14年的从业过程中，我培训过数以十万计的企业家，辅导过数以千计的企业，可以说在股权方面也算是资深人士了。

虽然我在这个领域积累了很多成功的经验、策略，能够很快发现一家企业失败的痛点、失误，能对企业的运营状况做到了如指掌。但是，我始终有一个遗憾，那就是别看每年都有数以万计的企业家能够听到我们的课程，但对中国数千万家的中小微企业而言，这还只是少数。

所以，我希望把我多年的经验和精华编辑成书，并想借助此书的出版，将我14年来积累的实操、实战股权经验，分享给众多的暂时还没有机缘来到我的课堂的读者，也算是为我国民营企业的发展尽微薄之力，为祖国的"双创工程"做一点儿贡献，为中国梦的早日实现贡献自己的力量！

最后，感谢出版社编辑老师的辛苦付出，感谢我的团队，以沈柏锋董事长为首的三度铁军兄弟们的支持，感谢买思嘉老师的文稿整理与协助，感谢缘分遇到此刻正在阅读本书的你们。如果大家有股权方面的问题，也欢迎关注微信公众号"股权资本研究院"给我留言，教学相长，互学互助，期待此书能在股权方面带给大家切实的启发和帮助！

目　　录

第一章 ◀

企业生命的蜕变——股权激励的策略

股权激励与企业的生命周期

在我的课堂上听我讲股权激励的学员，大部分是企业家，他们创办企业或公司已经很多年了。

好多次，我在课堂上提问："你们为什么来学股权激励？"

很多企业家反馈："公司经营前景不是太好，公司人才纷纷离职，听说股权激励能锁定人才，所以就来了……"

其实，在我看来，进行股权激励要根据自己的企业的实际情况。一般来说，企业的生命周期分为4个阶段：初创期、成长期、稳定期和衰退期。

企业的生命周期始终左右着企业发展的轨迹，虽然不同企业的寿命有长有短，但各家企业在生命周期的不同阶段表现出来的特征具有某些共性。企业经营者只有了解这些共性，才能了解自己企业所处的生命周期，从而修正企业的状态，尽可能地延长企业的寿命。

根据十几年的股权实践我总结出如下结论：**凡是股权激励比较成功的企业，都是在企业蒸蒸日上，也就是相当于一个人风华正茂时，就开始做股权激励的。**那些等到进入衰退期才做股权激励的企业，是很难成功的，更别说留住人才了。

刘林是一家公司的管理者，前几年企业生意兴隆时，部分核心高管要入股公司，但刘林始终不舍得把股权分给大家。这几年，整个行业滑坡严重，公司业绩下滑、薪资降低，于是很多员工开始离开公司另谋高就。眼看着公司的人才纷纷离开，刘林觉得大事不妙，为了留住核心人才，提出让这部分高管入股公司，想用股权激励的方式留住部分核心人员，而此时，公司没有钱，更没有前景。

假如你是刘林的公司的员工，会花钱买公司的股权吗？

答案自然是不会。别说让员工花钱买公司的股权了，就是公司白送股权，也没有人愿意接这个"烫手山芋"。

从某种意义上来讲，企业股权激励类似婚姻。在婚姻中，男女双方不管贫穷、富贵、疾病、灾难，彼此相互扶持，有福同享，有难共当，白头偕老，这才是正常的、和谐的婚姻。而不是双方中的一方一旦一无所有或者有困难时，另一方就无情地抛弃对方或者夫妻中一方飞黄腾达了，嫌弃另一方……这些"忘恩负义"的行为，都是极端自私、不负责的。

同样的道理，也可以用在企业中，例如，一家企业的企业家在企业巅峰时期，把员工辛苦赚来的钱全部占为己有，不舍得给员工分股分钱；等到企业落难衰退难以经营下去时，又想着让大家掏钱入股，和一家没有前途的企业共渡难关……这种企业家就像婚姻中"忘恩负义"的一方，是极端不负责任的。

不管你是一位有多年经营企业经验的企业家，还是一位刚创业的创业者，一定要深刻地明白一点：**在企业中实施股权激励，千万不要等到遇到瓶颈的时候才做，而应该选择在蒸蒸日上、业绩骄人的时候做股权激励，这样等到企业遇到瓶颈或遭遇困境的时候，你前期做的股权激励才会发挥重要的作用。**

几年前，我曾经服务过上海一家著名的房地产中介公司。后来，我带着团队回访时，碰到该房地产中介公司的一位姓王的店长。

我对王店长的印象很深，别看他年龄不大，但业务能力很强，几年前他就是公司的中层管理人员了，也是享受股权激励的员工之一。

我在与王店长聊天时，无意中听他讲起有一家房地产中介公司想聘请他，由于他现在的年薪是 30 万元，对方就提出年薪 50 万元的待遇。

说实话，虽然同行业的薪酬待遇可能不一样，但若是同样的行业，同样的职位，有人高出超过一半的年薪要聘请你时，说不动心是假的。

我就问他："这么高的年薪，你是不是要考虑去呢？"

王店长笑着说："我当然想去了，可是我去不了啊。"

我奇怪地问："现在这个时代，跳槽已经是很正常的了，你为什么去不了呢？"

王店长如实说道："你们前几年不是对我们公司的高管做了股权激励的咨询吗？我目前在负责的这家门店有股份，在公司隔壁的两家门店也有一部分股份，这些股份在市场行情好时，每年能分到几十万元，比我的工资多很多；即使在市场行情比较差的年份，我也能分十几万元。我离开公司后，股权就被公司收回了。万一我走后，市场行情变好了，那我不是得不偿失了吗？这些年在公司的奋斗也就泡汤了。"

我相信，在上面案例中的房地产中介公司，像王店长这样业务能力强的高管有很多，他们也像王店长这样有过被其他公司邀请的经历，但就是因为公司在合适的时候为人才做了股权激励，才使公司在房地产行业低迷时，没有出现人才流失的情况。

对企业来说，要想发展，人才的稳定是至关重要的。在竞争日益激烈的今天，企业留住人才的方法早已不是提高工资就能解决的，因为人才创造的价值远远大于他们收获的价值。所以，**对人才进行股权激励，能让企业激励、留住和吸纳人才，能够让被激励的员工与企业结成利益共存体，使其与企业分享利润、承担风险，从而实现企业长期、稳定的发展。可以说，对员工进行股权激励，是企业发展的重中之重。**

那么，在企业的什么阶段导入股权激励比较好呢？我认为是企业发展的前三个阶段，即企业的初创期、成长期与稳定期，最差的是在企业的衰退期做股权激励。

1. 初创期

在课堂上，曾经有一位刚创业的学员问我："包老师，我的公司刚刚起步，属于初创期，您说我这时候做股权激励可以吗？"

我对他说："在公司的初创期做股权激励，那是再好不过了。这时如果和你合作的伙伴愿意配合你，就意味着他们会把自己的利益和公司的利益捆绑在一起，这非常有利于公司以后的发展。"

企业在初创时期，就像一个血气方刚、敢拼敢闯、前途无量的年轻人。但是，由于初创期的企业在各方面都不成熟，所以，创始人既要有好口才，负责向员工描绘公司未来的前景，又要有大格局、长远的眼光，要舍得把好处分给跟着自己创业的合作伙伴和忠心耿耿的骨干员工，当创始人在这个时候做股权激励时，会把大家的心"捆"在一起，和企业一荣俱荣。在所有人同心同德创业时，企业将会发展很快。在这方面，我建议创始人多学学马云。

2. 成长期

成长期的企业欣欣向荣、蒸蒸日上，每天以一日千里的速度发展，这时企业所有的成员都能看到企业未来的发展前景，对企业的未来也充满了信心。企业要趁此机会赶紧做股权激励，把对企业有价值的人才、高管用股权留住，以免他们在企业未来不景气或遭遇困难时，被其他企业或竞争对手"挖墙脚"，也防止他们以后离开企业单独创业。

企业在这个时期还能利用股权激励不断吸引人才加入进来。当你把企业的利益分出去后，得到企业利益的人才会全力以赴地投入到工作中，加快企业的发展步伐。

3. 稳定期

稳定期的企业处在一个稳定的增长阶段，就像一个人风华正茂的壮年时期，此时正是青春焕发、风采动人、才华横溢的时候，此时的企业前景灿烂，一切都比较稳定，这是企业对人才进行股权激励的最佳时期，把企业的利益分给大家，这样会激励大家心往一处想，劲往一处使。即使企业在以后遇到瓶颈或困难，因为企业把利益和每个人都捆绑在了一起，大家会齐心协力帮助企业渡过暂时的危机。

我的建议是，企业在做股权激励时，不管是在初创期，还是在稳定期，你为员工做股权激励时都不能白送。白送的股权，会让员工不珍惜，起不到任何激励效果。

4. 衰退期

我认为最不适合做股权激励的阶段是企业的衰退期。处于这个阶段的企业不但不能给别人带来好处，还会连累身边的人。然而，很多自以为精明的企业家在企业的发展期、稳定期独享利益，不愿意把企业的股权分出去。到了企业举步维艰时，他倒想起用股权把大家捆绑在一起了。于是，提出分股权给大家，但这个时候已经晚了，效果自然不理想。即使你强行做股权激励，也发挥不了任何作用。

我在讲课时经常说："企业家要学会把利益分出去，有利益时要分给员工，这样才会有人在企业危急时愿意追随你。"

我一直认为，**一位优秀的企业家，首先是一个会做人、有大格局的企业家。**所以，企业家一定要在企业的初创期和成长期，遵守"分钱让利"的原则。

有句话叫"财聚人散，财散人聚"。意思是：如果你将财聚集在自己的手里，那么将没有人跟随你，人们就会像水一样离开；如果你把财散给其他人，那么这些人就会聚集在你的身边。企业到了发展期，企业家要开始往回收管理权和控股权。也就是说，要把企业一些高管的"权力"收回到自己手中。这么做的目的，既是为了企业的稳定，也是为了企业的长远发展。

不过，当企业发展到一定程度时，会越来越稳定，这时，企业里那些"位高权重"的人有可能对公司形成一个巨大的威胁。俗话说，群龙最怕无首。在企业中也是如此，企业家如何做才能让企业全体员工仍然像当初一样团结呢？

这需要企业家做到以下两点，如图 1-1 所示。

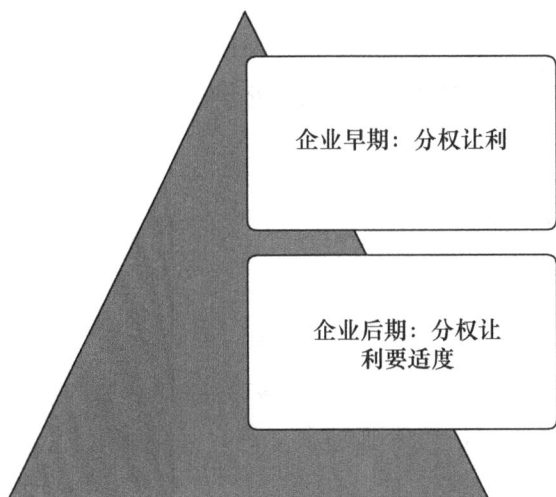

图 1-1　企业家在企业稳定期要做的事情

第一件事：分权让利。 在创业初期，企业家的重点工作是分权让利，尤其是让利部分，刚刚起步的企业可以拿 20% ~ 30% 的份额来做股权激励，这是因为早期的企业尚不成熟，如果股份太少，很难吸引优秀的人才加盟。在这个时期，企业家既要把股权激励做到位，又要知人善任，这样才能够激发有才华、能干的人才的潜力，为企业的发展做贡献。

第二件事：分权让利要适度。 当企业到了成长期，企业家可以拿出 10% ~ 15% 的股份做股权激励，但如果企业已经发展得很好了，企业家拿出的股份可以很少，例如，可以是 3% ~ 5%。如果企业到了衰退期，我建议企业家就不要再做股权激励了，因为这个时候，你给再多的股权也没有人愿意加入进来了。

股权激励是企业发展的核心动力

几年前，我曾经服务过两家私营公司，我们暂且称这两家公司为 A 公司和 B 公司。

A 公司的规模比 B 公司的规模小很多，在平时的工作中，A 公司的老板几乎承包了公司 2/3 的业务，每天忙得不亦乐乎。与他相比，A 公司的员工反倒比较清闲。

A 公司的老板向我抱怨："公司业务部门员工的能力很差，好几个月都没有订单，包老师，您说我怎么做才能激发员工的工作积极性呢？"

我提出通过股权激励提高员工薪资从而提高员工的积极性时，A 公司的老板连连摆手，他说："员工的薪资已经很高了，他们没有业绩，公司可不能养太多闲人。"

我们再讲讲 B 公司。

和 A 公司比起来，B 公司的情况正好相反，B 公司的老板很清闲，几乎不做业务，平时大部分时间就是喝喝茶、健健身、会会老朋友。

B 公司与 A 公司是同行，但 B 公司员工的薪资比 A 公司员工的薪资多出近一倍，提成也比较高，公司员工的工作劲头十足。我们去 B 公司做尽职调查时，其工作氛围远比 A 公司有朝气，那种氛围能够感染很多人。

B 公司的老板对我说："包老师，我们公司计划在 3 年内上市，现在公司的业绩不错，但我觉得员工还没有完全发挥出他们的实际潜力。我想让您帮我给员工设计一套股权激励制度。"

我讲这两个实例的目的，就是想告诉大家，小公司的企业家把精力放在经营公司的业务上，是典型的给"员工打工"的企业家；而大公司的企业家把精力放在经营人才方面，即让人才帮着做事情，最大限度地激发人才的潜力。

那种只有几个或十几个人的小公司，需要解决的问题就是拉客户来买产品，卖了产品赶快收回这批客户的钱，再接着开发其他客户。

一家拥有上百、上千人的大公司，需要解决的问题是怎样才能挖掘优秀的人才，优秀人才来到公司后，怎样做才能让他们在公司的平台上发挥其潜能，实现公司的既定目标。

由此来看，**企业发展的核心动力是人才**。一位成功的企业家，不需要谈几个大单，而是需要建立一套有效的激励机制，最大限度地激发员工的工作动力。

一家企业要发展，企业家必须学会做股权分配，用股权激励跟着你在商场上打拼的员工。对员工来说，当他们有了企业的股权后，他们在心里就会认为企业也是自己的，当大家都这么认为时，企业就成了大家的。当员工能够拥有企业的一部分利益时，在他的潜意识里，他会觉得自己是在为自己工作，而不是为企业家工作。

对大部分员工和激励对象而言，要想让他们敬业、负责，像企业家一样对企业全力以赴、呕心沥血，那企业家必须舍得分名分利。

当企业家让员工持有企业的股份时，便意味着员工也成了企业的小企业家，也是企业的拥有者之一，这会让他有主人翁意识，会让员工的努力程度与激励收益息息相关，这样员工越努力，得到的回报也越来越大，为企业创造的效益将会越来越多。

股权激励必须解决的三大关键问题

企业在做股权激励时，有三大关键问题是必须解决的。

1.让员工感觉到公平

公平是每个人都在乎的，特别是在职场上，员工通过辛勤工作养家糊口，自然希望自己的付出能有所回报，这是企业在股权激励中最关键的问题。很多企业做了股权激励之后效果不佳的常见原因就是没有解决公平性问题。

公平性问题出现在一些连锁企业，或者一些公司的分公司和子公司。在一家连锁企业或者有比较多分公司和子公司的企业，应把股权激励做好。例如，在做股权激励时，这些企业会根据所在城市的生活水平做适当的调整：在消费高的城市，因为经济发达，业务开展相对容易，企业给员工的股权略低些；在消费水平低的城市，业务开展相对艰难，企业给员工的股权略高些，从而激发他们工作动力。

综上所述，我的建议是：**分公司和子公司比较多、规模比较大、门店比较多的企业，一定要分门别类地进行激励，可以采取不同地区不同激励的方式。**就算是在一个城市，市中心和郊区的情况也要有所区别，最好进行初步分类，包括客户情况、团队的成熟度等，这样才能比较公平地对员工进行股权激励。

中国的很多私企企业家营销做得很好，也善于捕捉市场机会，唯一欠缺的就是喜欢拍脑袋做决定。我之前去广西一家企业做股权激励时，那位企业家做股权决定时就比较仓促。

我记得他们是在吃饭时谈股权激励的，当时这个企业家谈兴正浓，想也没想就把企业的股权分给下属了，并且给出的股权都很高，从 3%～8%。因为企业有 20 多位中层、高层管理者，回企业后一核算每个人所分的股份，加起来一共是 172%。这样，企业家自己倒没股份了，不但自己没有，还要额外搭上 72% 的股份。

这种喜欢拍脑袋分股份的企业家是非常草率的，他们也不懂股权的真正含义。因为不懂，他们可能会以"没有签协议，股权不生效"为由来稀释他亲口承诺给大家的股份。当出现这种情况时，自然会让没有拿到股权的核心骨干感到心寒。

还有的企业家在分配股份时，随意性很大。例如，企业家手下有 3 个高管张三、李四和王五。张三和李四在公司已经待了十年，王五才刚到公司一年。一个在公司待了十年的人，因为年龄的关系，他的知识层次与能力水平与现在的社会现状相比，一般来讲都不如新来的高管那么理想。企业家往往认为人才都是别人的好，高管是外部招聘的好。所以，企业家做重大决策的时候，也更喜欢和新高管协商。在分配股份时，倾向于的高管。

我们曾给内蒙古自治区包头市的一家企业做股权激励，在做尽职调查的时候，发现该企业有三位新高管和三位老高管，而且内部高管之间的矛盾非常大。深入调研之后了解到，原来因为企业家有个很大的梦想，就是立志把企业做到全国数一数二的地位，所以从内蒙古当地最好的三家企业花了大代价挖来新的三位高管。三个人刚到企业时，确实干得不错，企业家很珍惜他们，把这三位新高管当成宝一样。

过了不久，三位老高管心里就开始有意见了：新高管才来了半年，企业家就把他们三个人捧到手心里面当宝，就不在乎我们这几个元老了，很多重要会议想起我们就叫我们参加一下，想不起来就把我们扔在一边。这三位老高管越想越气，后来的结果是三位新高管在新公司制定的不管是制度上的改革措施，还是市场上的措施，在执行的时候总会遇到阻碍，新的策略和方法都落不了地，毕竟三位老高管在公司多年，还是有些影响力的，如果他们不配合，下面的人执行起来也是很困难的。

企业家一定要记住一件事情：**你请的新高管再能干，如果没有老团队的配合，也无用武之地**。刚到企业的新人群众基础是很差的，因为老高管和老员工的关系一定比新高管和老员工的关系强很多。所以企业要做股权激励，一定要协调好新老员工的关系。如果企业家过多地偏向新人，不要说过多了，只要有一点儿偏向新人，老高管都很容易察觉。例如，我上面讲的那家内蒙古的企业就是这样，因为企业没有做好老高管的思想工作，老高管不配合新高管，使新高管的工作处处受挫，导致企业受到很大的损失。企业的初心本来是想引进新的高端人才，扩大发展，结果事与愿违。

事后我才知道这家企业的三位高管不配合新高管工作的原因。原来，他们对企业的领导有意见，觉得对他们不公平。他们认为，自己从企业创业初期，就踏踏实实、辛辛苦苦地跟着企业家打拼，陪企业度过了艰难的时期，可以说立下了汗马功劳。其实，他们对企业、对企业家都是很有感情的。可是，他们拼死拼活地和企业一起走到今天，到了收获的季节，企业家却从外面请来三位高管代替了他们的位置，这让他们无法释怀。

或许，从企业家的角度来讲，这三位老高管跟自己久了，自己把他们当成朋友一样对待，所以也没有想太多；另外，企业家从企业发展的角度考虑，觉得老高管的能力有点跟不上现在的形势了，所以才高薪聘请新高管。但我觉得，还是企业家的工作没有做到位，才导致老高管排挤新高管的。既然老高管是企业的"功臣"，企业家就需要用股权激励他们，这样不但能激励老高管工作的斗志，还会让他们配合新高管的工作。企业家一定要公平地对待跟着你的员工。想想吧，在企业最需要人的时候，是他们跟了你那么久，他们在此时对你和你的企业不离不弃，图的是什么？就是想等企业发展了，企业家多给他们一些回报。可是企业家不但不给他们股权激励，还另外高薪聘请他人，这自然会凉了这些老高管的心。

一旦老高管有这个想法，他就会背着你在企业中说这件事，别人就会指责你是一个不懂得感恩的企业家。这一定会导致你本来想激励的新人，最后在老员工不断地说服下，对你失去信任，认为你既然这样对待老员工，将来也会用同样的方式对待新员工。久而久之，新员工也没了安全感。在这种情况下，即使你真的用股权激励他们，他们也不会相信。在一家没有安全感的企业工作，员工的工作热情自然也不会高涨。

企业家一定要给公司打造一个标杆，要看到跟随你的老员工为企业做出的贡献，承认老员工以往的业绩。在做股权激励的时候，除了要激励老员工继续努力工作外，还要让老员工知道公司记得他们过去为企业做出的贡献。一般来说，企业对于老高管的激励方式，通常是实股加上期权或者期股。除了奖励他过去为企业做出的贡献外，还要重点激励他未来给企业创造更多的价值，这种奖励方式能防止老高管居功自傲。**所以我建议对于老高管的股权激励，实股应该占30%左右，期权或期股应占70%左右。**对于新高管，只要他有能力，也要给股权激励，但是千万不要给实股，而是给期权或期股激励。因为新高管到底能不能给公司做出很大的贡献，现在是不能确定的。不过要让新高管看到希望，所以最好给他们期权或期股激励，这样可以激励他们在企业好好工作，有助于他们为企业做出业绩和贡献。

2. 让员工信任你

在一些企业中，特别是民营企业，那些工作了多年的老员工，对企业家极度不信任。在他们看来，企业家说的关于股权、奖励的话，都只是说说而已。后来我才知道，给员工造成信任危机的原因，是企业家总是不兑现对员工的承诺，就像我前面讲的，企业家做决定过于草率，导致自己在员工心目中的形象和信誉大幅下降。

有一次，我们团队去一家汽车 4S 店做股权激励，在股权说明会上，4S 店的多名公司骨干当场就对我说："包老师，我们不用做股权激励，你帮我们向老板求求情，让他多发我们一些现金吧。"

当时我觉得很奇怪，我明明把股权的好处讲得很清楚，他们怎么还是不愿意要公司的股权呢？事后我才了解到实际情况，原来该 4S 店的老板总是不兑现承诺，久而久之，员工和团队对老板的信任度越来越低，到最后几乎不再相信老板，哪怕此时老板真的要做股权激励了，员工也不会相信。

在我服务过的公司中，有很多类似以上 4S 店的企业家的情况，由于他们白手起家，创业时吃过不少的苦，所以舍不得把利益分给员工，但又想让员工好好工作，只好一遍遍地向员工开空头支票，最后导致自己在员工面前的信用度越来越低。

我有一个朋友，被一家企业的企业家聘请去做 CEO，那个企业家在举办一次大型活动的时候对她承诺："如果这次活动你负责的销售能够做到 3500 万元，年终我就奖励你一辆宝马 740 外加上海牌照。"有了这样的激励，我的这位朋友全力以赴地奔着这个目标去干，天天加班加点到后半夜。

经过近 3 个月的努力，她达到了那个企业家的要求，她负责的业绩超过了3500 万元。在她的心中，年底的宝马 740 和上海牌照是板上钉钉的事了，结果那次活动虽然做得很大，她也做出了不俗的业绩，但因为各类成本很高，企业没赚到钱，年终那个企业家以各种理由取消了她的年终奖。

这件事对她的伤害很大，第二年她就离职了。之后她经常在圈子里谈起前企业家的不诚信，导致那个企业家很难招到高端人才。

在这个事件中，从短期看企业家是节约了100多万元的年终奖；但从中长期来看，企业家不仅损失了这样一位能征善战的销售大将，还失去了自己的诚信、自己的口碑，以致其他高端人才都不愿意与他合作。

我认为，在实施股权激励的过程中，最重要的一点就是激励对象，也就是员工对企业家的信任：**一是企业家是否真的会给？二是企业家是否会按照企业赢利的真实利润来给？**

如果员工对企业家和企业没有足够的信任，企业设计再好的股权激励机制，也很难达到激励效果，更不用说还要激励对象花钱买公司的股权了。

对此，我的建议是企业家不要随便对员工做承诺，一旦承诺了，说出去的话好比泼出去的水，就算自己吃亏，也要兑现。

那么，问题来了，如果企业家之前已经做过多次只画饼不兑现的事情了，现在怎么做才能挽回在员工面前"失信"的声誉呢？

很简单，就是通过实际行动逐渐扳回之前给员工留下的不守信用的印象。最好的办法就是树立标杆。

秦孝公三年，在秦国首都的城门口，官府召集了很多老百姓，说有重要的国策要宣布。老百姓怀着好奇心来到城门口，突然看见城门口立起来一根高高的木头。这根木头引来很多人观望，在城门口竖根木头干吗？正当大家纳闷时，就见一群人簇拥着一个人过来了，那人正是商鞅。商鞅的身后跟着一个随从人员，手里托着一盘黄澄澄的金子。

人们正看着金子发愣时，商鞅对大家讲话了，大致意思是，他从自己的艰苦奋斗并成功地投奔到秦国，是想做出一番事业的。简单介绍以后，他大声宣布："你们中间，谁能把这根木棍从南门搬到北门，我就赏他十两黄金。"说着还特意指了指身后随从人员托着的金子。

大家一听这话，纷纷交头接耳，他们实在不相信，天下居然有这样的好事：

"真的假的？不可能吧，就这么一根木头，半大孩子都能搞定，这不等于白送我们十两金子吗？"

"我看不像假的，毕竟是当着这么多人的面说的，如果是闹着玩的，朝廷就会失信于人啊！但搬一根木头就得十两黄金，也确实有点太不可思议了吧。"

"谁知道呢，万一是逗我们玩呢？"

"我也不敢相信，到时搬完了不给钱，还不被人笑话！"

"不就是十两金子吗？大不了不要，但可以去试试的。"

……

大家七嘴八舌，说什么的都有，但就是没有人去搬木头。

商鞅等了半天也没人愿意搬，于是他就把赏金提到二十两黄金。这时候有人想上去试试，正摩拳擦掌准备去搬时，就被旁边人笑话："你一辈子都赚不到二十两黄金，哦，把这么轻的一根木棍搬到北门，就可以挣一辈子挣不到的钱，可能吗？"

这个人一听有道理啊，蠢蠢欲动的心又收回来了。就这样，大家饶有兴致地看着，小声地议论着，就是没人去搬木头。

商鞅没想到会这样，他决定提高赏金，立刻宣布："赏金升为五十两黄金。"

俗话说：重赏之下，必有勇夫。随着赏金的增多，人群中开始有人按捺不住。人群中走出来一个壮汉，他一边走向那根木头，一边自言自语："扛就扛，大不了什么都得不到，不就是浪费点力气吗，又不损失什么。"他说着探下身扛起木头就往北门走。

这根木头真的不重，也就是比粗扁担稍微重一点儿。壮汉在前面走，后面的人群跟着一路围观。大家在他后面指指点点，有人冷嘲热讽，还有人趁机拿他取乐，不一会儿，北门到了，这壮汉把木头一放下，愣眉愣眼地看着大家，此时看他的表情，似乎也不大相信会得到这五十两黄金。

就在大伙正等着看壮汉的好戏时，却看到商鞅二话不说，就把装着五十两黄金的盘子送到了壮汉面前。

看着壮汉手里的金子，不少人开始捶胸顿足，后悔自己白白错过了这么好的赚钱机会。

就在这时，商鞅大声宣布："我们国家就要施行新法律了，希望大家能认真遵守，有功就赏，有罪必罚。只要大家按新规矩办事儿，每个人都有得到五十两黄金的机会！"

大家一听，纷纷鼓掌，此时此刻，他们既相信国家要颁布新法律，又相信国家真的会赏罚分明。所以，他们对新法律十分向往。

我们从案例回到股权激励层面上来，通过这个案例，我想告诉大家，企业股权激励的策略，最重要的不是方案的制定，而是方案的落地。**而在股权激励方案落地的过程中，最关键的是如何让激励对象相信企业、相信企业家、相信企业的未来。**很多企业之所以做了股权激励，但效果不佳或没有效果，是因为激励对象的信任问题：有人认为企业家无非是想要套住自己，有人认为企业家不可能真的分钱，也有人不信任企业家能把企业做好，不信任企业家能公平，不信任企业家财务数据的真实性……

可以说，如果在做股权激励之前，企业家没有把激励对象的"信不信"的问题处理好，后来的股权激励基本上是事倍功半的。

这就是商鞅为何要在所有变法方案设计完成之后，来一次"城门立木"。在很多时候，一个组织、一家企业在导入新机制时，即便真的对民众、对员工有利，还是会有很多人抱着怀疑和不信任的态度不愿参与。这时候，一位智慧的企业家绝对不是说教式、强压式推行，而是巧妙地设计一种场景或一种易于传播的手段，巧妙地让员工充分信任。

很多企业家的烦恼是人才从哪里来？如何激励人才？不知道经过上文的详细剖析，你是否有了很大的启发和感触呢？

我希望广大企业家想在企业推行股权激励，而团队和员工对企业家、对企业不是很信任的话，那么第一步一定是通过树立标杆的方式建立"信任"。

你要让别人相信跟着你有前途，就在企业树立有前途的标杆。你要让别人相信股权激励能让他们获利，就在企业树立股权激励获利的标杆。

以上我们解决的是"信不信"的问题！

3. 值不值

此处的值不值，不是企业家心中的值不值，而是给出去的股权在员工心里值还是不值？

在这个问题上，有一个非常敏感而又关键的字眼，那就是企业的各项财务指标。**利润公信力的程度，往往决定了企业股权的价值高低以及股权激励方案能否落地，所以要让激励对象相信企业的估值是合理的，企业家在某种程度上必须公开一些企业的财务指标。**

目前，我国有很多白手起家的民营企业家，虽然他们做业务很好，但是缺乏管理尤其是财务和法务方面的知识，所以企业的利润水平一直不透明，员工对此的信任程度普遍不高。

在股权激励中，股权分红、增值等收益与企业利润额度息息相关，从长期发展和规范治理的角度来看，企业财务需要向规范化、透明化逐渐过渡，但从内部员工激励的角度来看，寻找显性指标并达成共识对推进股权激励的实施是非常关键的。那么，在企业财务不太规范的情况下，该如何呈现利润呢？

方法1：利润总额

如果三项费用（管理费用、营销费用和财务费用）能够核算清楚，员工也能接受，利润总额就是比较好的指标。

方法 2：毛利

如果企业核算不清上述三项费用，员工对企业家也不够信任，就以毛利（**毛利 = 营业收入−直接成本**）为指标。这种方法能够充分考虑原材料和直接人工波动带来的企业经营风险，让员工收入与企业的经营绩效紧密挂钩。

方法 3：模拟利润法

对非上市或刚创业的中小企业来说，员工可能不太信任财务报表中的净利润数据。此时，可以用模拟利润代替，即设定一个分红比例，附加一个考核条件，并根据考核条件调整模拟利润。非上市企业操作时，模拟利润的数据不需要过于精准。

模拟利润 = 公司销售收入−直接成本−期间显性费用−其他综合成本费用

（注：直接成本包括原材料成本、人工成本等；期间显性费用包括财务费用等；其他综合成本费用包括税费、公关费用等，按销售额的 10% 计算。）

这样就可以核算企业的利润；还不能透明核算的，可以综合打包进行计算。

方法 4：净利润

如果员工看好企业前景、对企业家信任，即使对企业的财务不清楚、不熟悉，也会接受企业公布的净利润数据。

当然，企业也要逐步往规范方向发展，如果几年后企业达到规范，财务报告就可以公开了。20 世纪 90 年代初，华为就是以公布的净利润为准，后来企业实力强大了，可以承担规范成本了，就找来四大审计机构进行审计。

方法 5：谁高原则

以销售额的一定比例（如 5% 或 15%）或企业公布的实际净利润为准。一般来说，企业销售额的数据是人尽皆知的，这就相当于有了一个相对基准的数据。如果企业公布的净利润数据大于此，员工会更加容易接受。

以我们服务过的一个咨询项目客户为例。该公司在 2015 年度、2016 年度股权激励实施的净利润计算公式调整为：**股权激励实施的净利润＝年度销售额 ×15%。**

股权激励的核心是企业的未来而不是现在，但未来往往是不确定的，员工对企业未来的信心往往决定了股权激励的成败。这种信心是基于企业的过去，企业在过去种下了多少信任的"因"，就会在未来收获多少信任的"果"，这种信任本质上是我一直倡导的企业"正道"，一家企业只有走正道，才能做强、做大、做久。

第二章

股权激励要避免的陷阱——六大致命错误

如何让股权激励不是分企业家的钱，而是分市场的钱

随着 2005 年的股权分置改革的完成，民营企业成了股权激励的主力军，很多民营企业家纷纷效仿，但因为有些企业家急于求成，没有对股权做任何研究，或者仅仅听了某一堂股权课程，就在自己的企业启用股权激励政策，也不管是不是适合自己的企业就盲目跟风，结果往往与初衷大相径庭。

我带团队做股权激励十几年了，见过很多企业家盲目启用股权激励，导致企业出现各种各样的问题，每次看到企业家为了弥补错误而疲惫不堪时，我就为他们感到惋惜。下面，我把股权激励常犯的六大致命错误总结出来，希望能给读者一些借鉴和思考。

Z 公司前段时间空降了一名市场部总监，是 Z 公司王董事长花高薪并且配给 7% 实股招进来的，王董本想着市场部总监一定会让公司的市场部业绩倍增，然而半年以来，市场部业绩一路下跌，人员不断流失，竟然遭到了公司史上最低谷。

为了解决这个问题，王董忧心忡忡地找到我，对我说："包老师，我花大价钱聘请总监，也给了他股权做激励，却为什么公司走向了下坡路呢？"

以上案例是很多企业家做股权激励时会遇到的情况，以为找了个高手就能让企业起死回生或一日千里。我根据上例中王董的问题，再详细分析一下。

1. 在对方没有为公司做出任何贡献时，股权就已经到位了

这种方式从本质上讲已经不是股权激励，而是一种股权奖励了。激励的核

心是承诺员工做到何等贡献时，再给何等的激励，其标的物是未来的实际贡献。而奖励的核心是不管员工能否做出贡献，都要给其确定数量的激励，如果是基于员工过去对平台的实际贡献还可靠一些，但在实务操作中，更多的情况是很多企业家给予的股权激励往往是基于某激励对象过去在其他平台的能力和贡献，给予其股权的，而且为了表达自己的诚意，很可能直接给实股，就像案例中的王董一样，这样虽然激励对象会感激你给出的优厚条件，但这种感激很难确保他全力以赴地为企业做出更多的实际贡献。

从人性的角度分析，要想让人们不断全力以赴地好好工作，只有让员工明确**需要做到什么样的实际贡献，才能得到什么样的实际激励**。换言之，人们最强的奋斗动力不在于已经获得多少，而在于有获得预期但还没获得的过程，一旦获得了，则奋斗的动力必将大大降低。要想让人们持续拥有高强度的奋斗动力，就要持续强化这类"明确的获得预期"。

海豚训练员是如何训练海豚的，就是让海豚在每做对一个动作的时候，都得到一个正向的奖励：如有小鱼吃，或者赞赏的抚摸。在不断的正强化过程中，海豚就会逐渐完成越来越漂亮的组合动作。海豚为何愿意持续全力以赴地努力训练？因为它有个"明确的获得预期"：小鱼或赞赏的抚摸。

股权激励的原理与逻辑与训练员训练海豚其实是相通的，但上例中王董的激励方式和我们的激励原理是相违背的，因为他给予的不是获得预期，而是直接的获得。直接的获得随着时间的推移，不但起不到持续激励的作用，反而会降低激励对象的奋斗动力，因为一旦没有"明确的获得预期"，持续奋斗的动力必将迅速退化。

对比"获得预期"和"获得"，我们可以得出以下结论：**"获得预期"是拉力，原理是靠获得的预期拉动激励对象保持持续的奋斗动力；而"获得"是推力，只有企业不断给予"获得"才会让激励对象保持持续的奋斗动力。**

"获得预期"是让激励对象用实际贡献交换企业的实际激励，而"获得"则是用实际激励交换激励对象的未来贡献，但已经获得的激励对象一般很难持续在未来创造贡献。

"获得预期"的重心在于创造更多价值再获得分配，而"获得"的重心是现在就进行分配，分配后能否在未来创造价值是很难保证的。

2. 只对"空降兵"进行激励，很容易导致非"空降兵"的不平衡

我们不会羡慕奥巴马当总统、不会嫉妒巴菲特赚那么多钱，但如果是我们的亲戚朋友或邻居晋升发财了，我们心理就会不平衡。原因是，陌生人往往只是萍水相逢，点头之交，大多与自己毫不相关，即便有过嫉妒，也会很快消除；然而亲近之人并非如此，朝夕相处，关系颇深，会做比较，一旦产生嫉妒，就会很难化解。同样的情况也会出现在公司的股权激励中。我们在实务操作中，经常会发现有的企业不做股权激励还好，一做股权激励结果不是"股权激励"，而是"股权激怒"，表面上看是激励了一部分人，实际上却激怒了一大批人，这种激怒的根源就来自某种意义上的"不公平"。

在股权激励中，如果只有"空降兵"有股权而其他人没有，尤其是如果跟了企业家很多年的创业元老没有，可想而知那些创业元老必然会产生误会和矛盾。

那如何解决这种问题呢？

企业家在做股权激励时，给谁或不给谁，谁给多少等都必须有明确的理由和依据，这样才能让激励对象感到平衡，不会出现激励不成反内讧的局面。

股权激励的最终目的不是为了分股份，而是通过股权激励这一种方式激励团队更好地拓展市场、提高销售、增加利润。如果股权激励不能明显起到这3个作用，建议企业家先暂缓实施，因为这不是股权激励，而是股权奖励。

企业家永远要记住：**股权激励不是企业给予的，而是激励对象通过为企业拓展市场、提高销售、增加利润这样的战功交换而来的。**

股权激励的本质是交换，不是给予！

交换必赢，给予必输！

如何通过非股权激励的方式达到股权激励的效果

非股权激励的方式，需要从以下 3 个角度来讲。

1. 股权激励要留住关键岗位和核心人员

对企业或公司来讲，股权激励不一定是最好的激励方式，但从留住关键岗位和核心人员而言，股权激励是一种很有效的方式。

一般而言，我把企业的激励方式分为两类：一类是基础激励；另一类是股权激励。

企业家不要在企业管理基础很差的情况下，给员工股权激励，用我和大家分享的话说："股权激励就像斗地主当中的王炸，基础激励就是常规的 3 个 A、一对 2 等，没有人一上来就出王炸的，除非他不想赢。"

我经常说："基础激励没做好，股权激励一定是事倍功半；基础激励做好了，股权激励就会事半功倍！"

基础激励从什么时候开始？很多人会说从员工做出成绩的时候开始，从新员工培训开始……其实这都陷入了一个误区，基础激励从招聘的那刻就已经开始了。

我经常和企业家分享：

一流的公司是谁做起来的，当然是一流的人才！

那么一流的人才怎么来的，当然是一流的人才招进来的！

那么一个没有一流或超一流人才的人力资源部，如何能找到一流或超一流的人才呢？没有一流或超一流的机制和薪资，又如何能吸引一流或超一流的人才进入公司呢？

2000多年前的齐国齐桓公用管仲做宰相，在他的鞠躬尽瘁下，齐桓公成为春秋五霸之一。齐桓公非常高兴，经常赏赐管仲。每当赏赐管仲的时候，齐桓公都把当初推荐管仲的鲍叔牙和管仲的老师叫过来，一起封赏，而且封赏力度非常大。很多大臣不理解，对此齐桓公说了大概意思如下的一段话："贡献的确是管仲做出来的，所以我才能高枕无忧成就今天的霸主之位，但作为君主和诸侯，我们齐国需要的不仅仅是一个管仲，我们需要更多像管仲这样的人才辅佐我和齐国，才能让我们齐国的事业持续称霸下去！如何才能找到更多像管仲一样的人才呢？光靠我一个人寻找、物色肯定是不够的，还需要更多能够向我推荐管仲——鲍叔牙这样的人，千里马常有，但伯乐不常有，我重赏管仲的推荐人鲍叔牙，是希望未来有更多的鲍叔牙为我推荐更多像管仲这样的人才！"

我在课堂上经常拿这个故事和企业家分享，一位企业家最重要的事情是什么？不是拉业务，不是陪客户，不是做客户服务，而是找到有能力、有才华的人和你合伙或为你打工，这件事情在创业初期最少要花80%的精力去做。我经常说："企业家一定要成为你公司的首席人力资源官，或者你要下血本打造一个人才猎聘部，通过机制的配套，在公司挖掘出一批'鲍叔牙'，要记住：先有'鲍叔牙'，后才有'管仲'，一家公司如果有很多'鲍叔牙'，'管仲'一般不会少，而一家拥有众多'管仲'的企业，业绩还会很差吗？"

一位真正高明的企业家，其工作重心一定是寻找高人，为我所用，我总结如下：

三流企业家总想把自己打造成高手；

二流企业家总想把团队打造成高手；

一流企业家直接让高手为我所用。

马云会亲自面试阿里巴巴的前 500 位员工，可以想见马云对人力资源招聘的重视程度，现在很多企业不要说前 500 位员工，就算是前 20 位员工，能做到企业家亲自看一下就非常了不起了。

雷军在小米创业之初，至少花 70% 的时间找顶尖人才。更有人坦言，当初选择刚起步时的雷军和小米，不是看好雷军和小米，而是为他的聊天大战所折服，再聊下去怕体力不支所以只能答应加盟，这实在是一个让人忍俊不禁的从业理由。

我一直建议广大的企业家，如果你的公司刚起步，你一定要亲自抓人力资源部，成为公司的首席人力资源官；如果公司已经初有规模，必须成立人才招聘部，并且配套相当有竞争力的薪酬机制，打造"伯乐团"，公司的人才才会源源不断，公司的事业也才能蒸蒸日上！

招聘环节过后，再开始第二步：激励环节。

激励分为基础激励和股权激励。从激励效果而言，基础激励可以出的招数要比股权激励多得多，如我们常见的薪酬激励、晋升激励、目标激励、文化激励、竞争激励等。

在这里还是要建议广大企业家，在真正实施股权激励之前，一定要将这些常规的激励方式导入自己的企业，完善企业内部的管理与激励系统，这样在导入股权激励时才会产生事半功倍的效果。

2. 企业生存靠创新模式

很多企业家有误解，股权激励做好了，好像公司就一定能突飞猛进。

事实上，企业是一个系统工程，股权激励最多只解决"人"这个环节的问题，一家企业要真正做好股权激励，只处理好"人"这个环节是远远不够的。我们说，今日中国的商业竞争，光有好的团队而没有好的项目和模式，企业也是很难成功的。

我们把企业运营初步归结为三大版块。

第一版块：人。本书的重点就是讨论人的，这里就不重点探讨。

第二版块：事。简单来说，"事"就是你的产品和模式。

企业仅仅靠好的产品已经很难成功了，因为中国经济从短缺时代迅速走向了过剩时代，一流产品卖不过三流产品的情况普遍存在，产品本身的好坏并不是决定商业成败的核心关键，而是消费者的消费意识觉得你的产品好才是最关键的。

如何让消费者觉得你的产品好呢？营销和模式是至关重要的。对大部分中小企业而言，如果通过投入大手笔的营销培育客户和市场，显然是不现实的，所以当今中国的中小微企业，在产品基本过关的情况下，要在市场上表现良好，真正拼的是商业模式和扩张模式，没有创新的商业模式和扩张模式，再好的产品在今日的商业环境中，成功的可能性微乎其微。

第三版块：钱。**一家企业的钱从何而来？无非两种渠道：赚钱和融钱。**

一家企业只有人，只有事或只有钱，一般很难做大；

如果只"有人＋有钱"，没有好的"事"，也很难做大；

如果只"有事＋有钱"，没有好的"人"，做大的难度也很大。

但一般而言，如果"有人＋有事"，不管是赚钱还是融钱相对而言简单得多。

不管是想赚钱还是想融钱，好团队和好产品都只是基础，好的商业模式和扩张模式才是企业脱颖而出的关键。

如果既有好产品，又有好团队，同时还有好的商业模式，赚钱和融钱就会容易很多。

我们团队就曾经辅导过一家只有两家直营店、30多家加盟店的古装女子摄影公司，通过1年的模式升级改造，成为拥有30多家直营店、900多家加盟店的大型古装女子摄影公司，一年内仅加盟费就达到8000多万元，后来通过巧妙的策划拿到了投资机构 1.2 亿元的投资，目前已经成为细分领域排名遥遥领先的行业龙头。

我们团队还曾经帮一家濒临绝境的儿童教育品牌，通过商业模式的改造，将其闲置的大量物品得到充分使用，并且不花任何营销代价，就吸引了大量的客流，从而变成当地著名的儿童教育品牌。

我要再次强调：在今天，如果企业家还固守自己的一亩三分地，不经常学习以扩大自己的视野、思维、资源，提升自己的见识，终将被淘汰。

企业家必须学会用创新的整合模式大幅降低创业的投入！

企业家必须学会用创新的赢利模式大幅提升收入和利润！

企业家必须学会用创新的扩张模式大幅提升扩展的效率！

企业家必须学会用创新的融资模式大幅提升融资的效率，用资本的力量成就自己的事业！

3. 股权激励不是只从股权层面着手

在这里还是要纠正并普及一下股权激励的一些基础知识，股权激励名义上只是通过股权的方式激励团队核心及骨干员工。实际上要做好股权激励，绝不只从股权层面着手这么简单，一个好的股权激励方案，除了股权之外，至少还要打通绩效、财务、税务、法律等几个环节。

如果企业家要请股权顾问团队为企业做顾问，千万要问清楚，对方是只涉及股权，还是联合打通股权、绩效、财务、税务、法律这几大版块。一般而言，只是单纯地从股权角度设计的股权激励，最后的麻烦可能比不做股权激励的麻烦还要多。

如何通过投资方式让激励对象更加全力以赴

在股权激励的过程中，最好的股权激励首先一定是让员工掏钱购买，其次是买一部分借一部分，再次是全部借，以我实践股权激励十多年的经验，我是坚决反对直接送的。在课堂上我经常用下面的例子来打比方。

从前有一个年轻人，家里很富有。有一次，父亲给他钱时，不小心把一枚硬币掉到火炉里了，年轻人并不着急，也没有采取其他措施去捡那枚硬币。

后来，年轻人家道中落，他不得不外出打工谋生。他赚钱回家后，把钱交给父亲，父亲也是不小心，把一枚硬币掉到火炉中，眼看火炉要烧掉这枚硬币了，年轻人不顾一切地把手伸到火炉里，取出了那枚烧烫的硬币。

父亲问他："以前我给你的硬币掉进火炉里，你为什么不像现在这样拼命取出来呢？"年轻人不好意思地说："这不一样，你给我的钱，我没有付出，而这枚硬币，可是我辛辛苦苦地干好久才赚到的啊，这是血汗钱。"

企业家领悟出来了吗？免费送给员工的股权激励，就像这个年轻人从父亲手里拿的钱一样，一般而言是很难让对方珍惜的。我在股权领域从业十几年后得出一个与绝大多数企业家认知颇为相反的结论：**人们不会因为得到得多就对企业更加忠诚，而往往是因为付出得多而不得不对企业更加忠诚！**如果企业家轻易将股权送给激励对象，短时间内员工会很感激你，但时间长了他就会习以为常了，他会认为这是他应该得到的。

企业家一定要注意：千万不要直接送股权，直接送是下下策，最好的方式就是让他们花钱买股权。如果企业家能够动员激励对象买自己公司的股份，这种激励效果一定是最好的。

激励员工就像谈恋爱，付出多的人往往会比得到多的人更忠诚，放手的时候也会更不舍。钱交得越多，对公司越忠诚，工作的积极性就越高。

为什么企业家对公司这么用心，而员工往往不像企业家这样用心呢？因为很多企业家为公司倾注了心血，员工基本上只是把公司当成了一个养家糊口的平台。如果企业家把激励对象的钱投入公司，效果就完全不一样了。员工投的钱越多，他越努力越敬业，因为未来公司强大了，自己的分红收益和股价增值也会越多，他就有一种为自己工作的荣耀感。从某种意义上来说，要让公司的高管和员工更敬业，要动员他们把财产投入进来，这样他们才会真正把公司的事情当作自己的事情做。

但是在实务操作过程中，企业家让激励对象买股权，但是激励对象总是找各种各样的理由不想掏钱，如最近刚买了房、刚买了车、小孩要上学、老婆要开店等。这时候，企业家怎么应付呢？你只要说一句话就可以了，"没关系，我借给你"或者"公司借给你，但是你自己也要掏 1/3，公司借你 2/3"。

这时候企业家就很容易判断，到底哪些人对公司真的忠心，哪些人未来可以重用。

怎么辨别？很简单，看他们在这种情况下是借还是不借？如果他能借钱买公司股权，就是真忠心。

如何避免企业家通过拍脑袋方式决定股权激励份额

还记得前文一位企业家给高管分出去 172% 的股份吗？大家看完可能觉得很好笑，认为企业家不应该犯如此低级的错误，但这样的案例在我十几年的从业经历中，还真的不算少。还有的企业家今天把 20% 股份质押给 A，明天把 30% 股份质押给 B，后天又因为欠别人钱不得不把公司 40% 的股权转让给 C，我们在其公司咨询辅导的过程中，正好是该企业家和各类人员股、债矛盾爆发期，因此不断冒出抵押、质押、股权转让的人，总共加起来该公司 320% 的股权都应该是别人的，但实际上他总共在公司只有 30% 的股权。

这些让人啼笑皆非的真实案例，一直在提醒我们，很多企业家虽然做生意好多年，但在股权上，他们的认知真的是非常初级和淡薄的。

那么，以上案例中的企业家在分股份的时候，到底有什么问题呢？

关键问题在于：**股权激励的事情并不是估出来的，而是算出来的。**

企业家在实行股权激励时，一定要做一个保密机制，事实证明，大部分的保密机制并不保密，一旦传出去，反而容易造成更大的误解。

我要特别提醒各位企业家，在股权激励中，激励份额绝对不能是估出来的，一定是算出来的，在课程中我经常强调两句话：

凡是估出来的，估对了也是错的！

凡是算出来的，算错了也是对的！

为何估对了也是错的，算错了也是对的呢？因为估的是没有依据的，所以就算估对了，激励对象只要问一句："老板，为何他是 5%，我是 3%？虽然我今年业绩不如他，但是我跟了你 12 年，他才来 1 年，凭什么他比我多 2%？"

面对这种情况，企业家是没有足够的依据来说服激励对象的。

而算出来的就不一样了，因为对所有人而言计算标准都是一样的，即使激励对象觉得不公平，也不是企业家的事情，而是顾问团队或者薪酬委员会计算公式的问题，怪不得企业家。所以相比而言，用公式计算出来的激励额度比单纯估出来的额度，更让人信服。

很多企业家喜欢请教我："包老师，我的副总跟了我 8 年了，我想给他点股份，但不知道给多少合适？你给我指点指点，到底给多少合适？"

我建议各位企业家，不要问这样的问题，因为我如果告诉你，我觉得给 5% 或者 8%，那我就不是个真专家，一定是个伪专家，因为真专家是按照系统、标准设定算法算出额度来的，我不可能脱口而出给多少，这样的给法完全是不科学的。

那么如何算股权激励呢？

我们将在后文中重点分享，如何计算股权激励的总量和个量，请各位读者拭目以待！

如何避免获得丰厚激励的激励对象半途离职

避免获得丰厚激励的激励对象半途离职，是股权激励中最重要的一条，在我十几年的顾问生涯中，曾经看到很多企业是因为这条做得不好，而被竞争对手或者独立门户者逼到破产倒闭的！

我的老家就有一家民营造船企业，最高峰的时候年产值 300 亿元左右，后来逐渐病入膏肓，又遇到金融危机，航运业下滑严重，最后不得不低价"卖身"！那为什么会走到这样的局面呢？主要原因是该企业一位掌握了 70%～80% 大客户资源的副总裁跳槽了，他把很多大客户资源带走了，当然带走的可绝不仅仅是客户资源，还有人才资源、技术资源等。

可以说这家企业最后破产卖掉企业的核心原因，就是对这位在企业中担任重要职位的副总没有设置关键的锁定机制。

企业为什么要做股权激励？很多企业家的理解是让团队共享企业发展的胜利果实，让激励对象有主人翁的感觉，愿意像企业家一样为公司全力以赴。

这样的理解当然有一定道理，但只涉及股权激励的一面，就是激励性作用。我在前文提到过：如果仅仅达到激励效果，有非常多的激励方式，那为什么还要选择股权激励作为最重要的手段呢？

原因在于，股权激励机制不仅有很好的效果，而且锁定人才效果也很好，是一般的激励机制无法比拟的。

在商业竞争非常激烈的今天，一家企业如果仅仅是在激励层面做得很好，让员工很有动力和斗志是远远不够的，因为这只是做好了"进攻性"的一面。

经常看足球比赛的人知道，如果要取得球赛正常的胜利，除了前锋、中场在进攻层面有很好的发挥之外，后卫、后腰、守门员都要在防守层面做得足够出色，才不会浪费中前场在进攻层面的努力。

一家企业的"进攻线"叫作激励，那一家企业的"防守线"是什么呢？就是锁定机制！

企业必须有足够的抗风险机制，尤其在今天得人才者得天下的时代，企业尤其需要有足够强大的人才锁定机制。

我在长期辅导企业的过程中经常发现，很多企业从一流沦为二流、三流，往往不是因为他们的激励机制不到位，而是他们对关键、核心人才的锁定机制不到位，因此虽然某些核心人才也赚到很多钱，但依然留不住，很多企业家开玩笑说自己的企业就是当地该行业的"黄埔军校"——出去的人才不是去了竞争对手的企业，就是自己成立公司成了竞争对手。而他们的客户、资源、技术从哪里来？毫无疑问都是从"黄埔军校"来的，试想，在这种竞争态势下，"黄埔军校"还有什么竞争优势呢？

一家企业必须有自己强有力的人才锁定机制，不要将企业发展寄托或依赖于激励对象的人品、道德等。

人才锁定机制的原理是什么呢？就是必须让人才在离开时，要有很大的损失！如果做不到这一点，激励对象在离开时，就没有顾虑，没有顾虑，当然就能轻易离开了。

在股权激励咨询顾问过程中，我们需要设计多样的锁定机制。

🎯 如何避免当下的激励机制对企业未来资本之路埋下隐患

在很多企业家看来，股权激励就是向员工分股份，只要分完了，就能够起到激励作用，就算没白分。事实上，我们上文说过，股权激励除了要达到对员工的激励作用之外，还要锁定优秀人才，这也是股权激励中非常重要的一环，在这一节中，我们还要讲解股权激励中另一个非常关键的环节：顶层布局。

对一家企业的股权激励而言，顶层布局的重要性绝对不亚于锁定机制，只是两者对企业发挥作用的途径不太一样。

锁定机制的主要作用是为了避免过多的企业优秀人才的流失。

顶层布局是为了避免股东与股东、股东与激励对象、股东与投资人之间未来的潜在纠纷而设置的。

顶层布局的主要作用是维护创始人或创始团队对企业的控制权。一般而言，小企业的顶层布局看起来不是那么重要，但是企业一旦做大了，顶层布局就是事关创始人和企业生死的问题，因为涉及的利益冲突巨大，一般调整的代价就会非常巨大。因此我们建议，股权的顶层布局一定要在企业规模还小的时候就要布局，虽然看起来现在还没有什么作用，但企业家一定要知道，布局的事情不是当下用的，而是等未来企业变大之后用的。

做企业就好像盖楼，也许我们现在的实力还盖不了 80 层、100 层的高楼，但如果你有这样的梦想，那么在你只有实力盖 3 ～ 5 层楼的时候就要做好将来盖 80 ～ 100 层楼的基础规划。你一定要很清楚，绝对不能因为现在实力很弱，就只设计 3 ～ 5 层楼的规划。要知道，如果只做了 3 ～ 5 层楼的规划，只打了 3 ～ 5 层楼的地基，就不可能盖 80 ～ 100 层楼，否则就必须把 3 ～ 5 层楼连楼体和地基全部挖掉推翻，再重新做 80 ～ 100 层楼的规划，挖出 80 ～ 100 层楼的地基。

那么，通过顶层布局，我们究竟想要达到什么样的目的呢？

企业通过顶层布局必须达到一个结果：**财散但权聚！**

财散是指能让更多人分享企业成长的收益，通过分享收益权，让更多的能人、强人、高人和企业捆绑在一起，从而将企业做强、做大，然后通过市场上的钱和竞争对手的钱，激励这些能人、强人和高人。

权聚是通过财散吸引来的能人、强人、高人统一在一面旗帜下，让企业不断地做强、做大，同时如果当创始人、能人、强人、高人相互之间对重大决策有分歧的时候，最终必须由创始人或者创始团队决定，其他人只有建议权而没有决策权，这样企业才能按照创始团队的意志很好地发展下去。

例如，马云先后吸引了蔡崇信、高盛、孙正义等能人、强人、高人，最后自己的股份不到 8%，但是能牢牢地掌控阿里巴巴的控制权，为什么？因为马云的顶层布局做得非常优秀，从而能够让孙正义等人虽然有很多阿里巴巴的股权，但在阿里巴巴的决策权、投票权上面，不得不服从马云和创始团队。

第三章 ◀

企业股权激励系统——底层系统之吸引系统

吸引系统的 3 个版块

吸引系统是股权激励底层系统中的第一大版块。一家企业吸引人才的关键是名、利、感觉。

一般情况下，面试官喜欢的人才早在自身选公司的时候就已有一个对比；他们大多选择满足他们想要的吸引力因素的公司，如果你提供的吸引力因素不是他们想要的，那么你最终会错失许多优质的潜在求职者。具备市场营销常识的人都知道，激励不对，理想目标是不会来的。

现在"90 后"的年轻人，想法比较前卫，我在做尽职调查的时候喜欢和公司的"90 后"聊聊天，了解他们的想法，因为未来公司的客户群体是他们，在聊天的过程中，我发现一个有趣的现象：这些新一代的年轻人更注重公司氛围、升职空间、环境设施……

综合这一代年轻人的个性，需要适当引导，但并不意味着娇惯。企业家要让他们意识到公司是个平台，可以培养、锻炼他们，但公司是要靠利润生存的，员工需要凭借个人能力来争取。所以，**吸引人才的第一步就是打造公司的印象系统：让公司看起来像一家很有前途的公司！**

一般来说，印象系统主要分为以下 3 个版块，如图 3-1 所示。

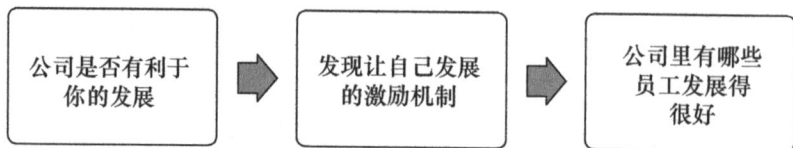

图 3-1　印象系统的 3 个版块

1.公司是否有利于你的发展

优秀的人才最关注的是这家企业未来的发展规划，未来这家企业怎样发展，企业的发展是否和他个人发展的意愿相符，即他在企业中有没有发展前途，例如，他是否能凭借实力拿提成；未来他在企业的个人发展路线怎么样，什么情况下他才能晋升？

2.发现让自己发展的激励机制

员工在公司做什么事，能拿到什么样的薪酬，具体考核机制是什么，什么情况能拿到奖励，什么情况拿不到奖励，这些要说得清清楚楚。考核机制不明晰或不详细，企业就会出现不干活的人比干活的人多的现象，导致难以吸引优秀人才。

3.公司里有哪些员工发展得很好

这就是让员工看到在公司的机制下有收入很高、福利很好的老员工，这样新人就很容易信任公司，如果公司的这些奖励机制只是纸上谈兵，没有一个人真正拿到过，那么信任度当然会大大降低。

企业家一定要学会树立"信任公司就会得到巨大收益"的标杆，有了这样的标杆，吸引力就会很大；没有这样的标杆，吸引力就会小得多。

愿景系统＋使命系统

一家有前途的企业如果把赚钱当作企业的最终目标，那么每个员工也会考虑自己怎么赚钱，在这种情况下，企业内部就会出现各种问题。如果企业有一个梦想，并把这个梦想当成目标，把赚钱当成结果，那么这家企业就有可能成为一家伟大的企业，正如你把赚钱当作结果、把成长当成目标，你才是一个有战斗力的人，这样你才有可能做一番伟大的事业。

▲

1999 年 3 月，阿里巴巴的马云和他的团队回到杭州后，在公司严重缺乏资金的困境中，马云和团队成员一起凑了 50 万元，建立了阿里巴巴网。

阿里巴巴网只是在一间简陋的小屋子里创立的，马云给公司的愿景是"让天下没有难做的生意"。

马云个头不高，其貌不扬，他那时还不是公司的老总，没有任何权力，但是他用美好的梦想影响了团队的每个人，让大家为同一个梦想努力奋斗。在多年后的今天，马云和团队的梦想同样影响了中国商业的进展，创立了在世界上享有商业地位的阿里巴巴，为中国的互联网做出了卓越的贡献，也实现了马云的梦想。

▼

马云之所以能够联合志同道合的团队成员，让大家为了梦想工作，为无数的商业决策和选择提供判断的基本原则，是因为马云的企业愿景带给了员工使命感。

企业家不仅要思考怎么赚钱，还要思考为什么赚钱，只有清楚了企业的使

命愿景，才能点燃员工的职业使命感。

一般来说，企业愿景就是一幅描绘未来的图景。愿景，是要有阶段性的，5年、10年、20年会怎么样。愿景是多年以后，企业能带给世界什么。例如，苹果的愿景：每个人的桌面上，都有一台计算机。万科的愿景：成为中国房地产行业的领跑者。

使命就是企业为什么而存在，到底在做什么，企业在实现愿景的路上，需要扮演什么角色。使命就是我们为什么要有这家企业，大家要围绕这个使命工作而不是所有人为企业家打工。

对企业来说，使命在企业面对生死攸关、重大利益抉择的时候会发生作用。企业不管大小，其使命都是在其骨子里的。一家企业只要有较为完善的企业文化，就一定会有企业愿景和企业使命，再细致些，会有企业未来的发展规划；例如，五年内团队发展到多少人，企业的年度业绩比去年增长多少，等等。愿景系统＋使命系统是什么，我们以著名公司的模板为例做一说明，如表3-1所示。

表3-1　著名公司愿景系统＋使命系统的模板

联想集团	联想集团的使命——为客户利益而努力创新
	联想集团的愿景——未来的联想应该是高科技的联想、服务的联想、国际化的联想
华为公司	华为公司的使命——聚焦客户关注的挑战和压力，提供有竞争力的通信解决方案和服务，持续为客户创造最大价值
	华为公司的愿景——丰富人们的沟通和生活
麦肯锡公司	麦肯锡公司的愿景与使命——帮助杰出的公司和政府更为成功
迪士尼公司	迪士尼公司的使命——使人们过得快活
	迪士尼公司的愿景——成为全球的超级娱乐公司
波音公司	波音公司的愿景——在民用飞机领域中成为举足轻重的角色，把世界带入喷气式时代（1950年）
苹果电脑	苹果电脑公司的使命——借推广公平的资料使用惯例，建立用户对互联网的信任和信心
	苹果电脑公司的愿景——让每人拥有一台计算机

价值观系统

如果说规章制度是企业的法律，那么价值观就是企业的道德。价值观不是虚无缥缈的东西，是需要被考核的，不考核的价值观是没有用的。企业文化是考核出来的。企业文化不光是贴在墙上，还要体现在每位员工的工作当中。

只有价值观上的认同，员工才会对工作充满热情，才会对公司有更强的归属感，才会全力以赴地投入工作中去，让公司的每位成员因共同的价值观而更加团结。

谷歌的核心精神是以人为本、崇尚自由、鼓励创新。创始人秉承"工作赋予挑战，挑战带来快乐"的理念创建了谷歌。公司在吸引和培养员工认同公司价值观上下了很大功夫，如"心无旁骛，精益求精""没有西装革履也可以很正经""没有最好，只有更好"等，这些都在不断引导员工向创新、专业的理念靠拢。

谷歌为了招到与公司的价值观一致的员工，还成立了专门的招聘委员会，聘请员工做招聘委员，每位应聘者都需要经过5轮面试，公司创始人之一拉里·佩奇（Larry Page）也会花大量的时间进行面试。

谷歌在面试过程中，会要求所有的招聘委员思考一个问题："如果你和公司即将招聘的这个家伙一起在机场滞留6个小时，你是愿意和他在一起聊天，还是宁愿玩自己的手机？"这就是谷歌著名的机场测试，如果招聘委员们愿意和这位应聘者聊天，说明双方的价值观比较一致，公司才会进一步考虑应聘者。

员工对公司文化和价值观的高度认同是谷歌人才流失率始终低于行业水平的重要原因。

由此可见，管理者培养员工对公司文化和价值观的认同是非常重要的。只有共同的价值观，员工才会和公司走在共同的发展道路上。当公司陷入发展瓶颈或面临改革、转型等重大战略变化时，即使没有丰厚的薪资激励，但因为有共同的价值观，员工也会义无反顾地和公司共进退，为共同的发展目标奋斗。

如果说愿景就是梦想，使命就是职业，那么价值观就是道德。可以说，价值观是公司的灵魂，是聚集员工心力和梦想的"磁场"，所以公司的"三观"和员工的"三观"契合是十分重要的。 越是著名的公司，公司的价值观越契合员工和客户，也更为接地气，如表 3-2 所示。

表 3-2　著名公司的价值观

微软公司的核心价值观	正直、诚实；对客户、伙伴和核心技术满怀热情；直率地与人相处，尊重他人并且乐于助人；勇于迎接挑战，并且坚持不懈；严于律己，善于思考，坚持自我提高和完善；对客户、股东、合作伙伴或其他员工而言，在承诺、结果和质量方面值得信赖
西门子公司的核心价值观	要专注于我们的业务、倾听客户的需求和想法
星巴克的核心价值观	为客人煮好每杯咖啡
福特汽车的核心价值观	客户满意至上，生产大多数人买得起的汽车
松下电器的核心价值观	遵奉为"十精神"，即工业报国精神、实事求是精神、改革发展精神、友好合作精神、光明正大精神、团结一致精神、奋发向上精神、礼貌谦让精神、自觉守纪精神和服务奉献精神
沃尔玛的核心价值观	尊重每位员工，服务每位顾客，每天追求卓越

🎯 亮点系统

在一家企业中，其亮点系统包括以下几点，如图 3-2 所示。

团队亮点	➡	荣誉亮点	➡	业绩亮点	➡	其他亮点

图 3-2　企业亮点系统的 4 点

1. 团队亮点

乔丹说过："一个人没有团队精神难成大事；一家企业没有团队精神将成为一盘散沙。一名伟大的球星最突出的能力就是让周围的队员变得更好。"团队精神是一切事业成功的基础，没有团结协作，一切都只能各自为政。成功的企业一定是团队强大的企业，即团队中的合伙人要各有各自的特色。

▲

三度智业是我国民企创新经营资本运作平台，致力于帮助企业优化管理能力，搭建资本路径，推动企业转型升级、资本倍增。从 2013 年创办至今，已经帮助数以千计的企业家完成企业的有效升级及转型，实现了企业的梦想。三度智业之所以发展迅速，是因为其拥有一支素质优秀、业务精通、专注敬业、作风严谨的核心团队。这支核心团队的成员各有所长，他们在工作中将其才华淋漓尽致地发挥了出来，从而助推了企业的发展。

▼

下面，我们用一张表来分析一下三度核心团队成员的实力和特长，如表 3-3

所示。

表3-3　三度智业核心成员的实力和特长

沈柏锋	三度智业董事长，战略型投资家，华夏大爱投资管理有限公司联合创办人，中国万企资源联盟发起人，一起帮私董会联合发起人
翟山鹰	三度投资首席金融顾问，中华企管培训网特聘讲师，国家发展和改革委员会、科技部等常年经济顾问，在中企投资（集团）、泰德投资、东方建投、瑞智企划、科特勒（中国）公司、隆基集团等十余家机构中担任金融事务合伙人的职务，清华大学、北京大学、复旦大学、长江商学院、国际资本运营精英学院等十余所高校金融客座教授
包啟宏	三度智业联合创始人，华夏大爱投资管理有限公司董事长，华夏大爱基金发起人，国内知名股权激励实战专家，国内首位"五融八篇"股权系统倡导者
孙　郡	企业战略架构师、投资人，三度集团联合创始人，稻蓝投资（中国）董事长，上海交通大学安泰经济管理学院特邀导师，担任多家上市公司、百强民企董事曾任澳大利亚阿德莱德市市长助理，主要研究领域：企业非对称的战略动机设计、IP顶层设计、商业基因的跨界重组及资本重构点设计
赵东玄	三度智业联合创始人，三度智业项目孵化中心总经理，战略创新咨询顾问，美国AAFM金融管理师协会理事，曾任职于国内知名上市公司ZTE中兴通讯创新研发组，任职期间持有11项国家专利，后远赴新加坡进军咨询领域，五年时间成为多家世界500强企业的战略顾问。2012年回国至今，辅导过100多家中国民营企业，曾亲自操盘数十家民营企业，企业一年利润提升10倍以上。曾辅导过西门子、德国拜耳、中兴通讯、澳新银行、巴克莱银行、花旗银行、中国银行、农业银行、盘子女人坊、京九电源等多家知名企业
袁　亮	三度智业总经理，三度智业联合创始人，运营管理实战专家和狼性团队打造专家，一手打造三度集团数百人的营销团队
单键鑫	三度投资联合创始人，商务部培训中心特聘讲师，365数字经济社群创始人，资深项目投资人，项目顾问，上海度华企业管理有限公司CEO。擅长领域：项目孵化、资本运作、数字经济。企业管理实战专家，曾咨询服务数十家上市公司，如罗莱家纺、波司登集团、报喜鸟控股等
徐耀东	三度智业联合创始人，华夏大爱投资管理有限公司总经理，中航富盈基金总裁，万企联盟资源链接大会发起人

2. 荣誉亮点

企业荣誉是指企业获得的来自社会和公众的奖项与赞许。这些荣誉包括政府组织机构评选颁发的各类奖项、媒体和市场研究机构的奖项、公众通过正式和非正式渠道对企业表达的赞许。荣誉对企业来说既是一种文化，也是一种无形资产。企业荣誉是品牌口碑的重要表现形式。

▲

"六个核桃"是河北养元智汇饮品股份有限公司生产的一种核桃植物蛋白饮料，能够有效改善大脑疲乏的状态，适合学生、白领等用脑人群饮用。六个核桃分为无糖型和低糖型，是植物蛋白饮料行业具有广泛影响力的品牌之一。

1999—2015 年，养元核桃乳获"河北省轻工业科技进步奖一等奖""优秀新品奖一等奖"；2006 年，"养元"被评为"河北省著名商标"；企业被评为"2008 中国食品产业最具成长性企业""2009 中国食品产业最具成长性企业"；2010 年，被农业部评为"全国农产品加工业示范企业"和"国家级诚信示范单位"；被中国食品发酵工业研究院授予"诚信管理体系证书（CMS）"等，且连续多次被授予"河北省农业产业化重点龙头企业"等。

▼

企业荣誉的作用对内可以稳住人心，给予员工荣誉感和信心，能在很大程度上吸引员工，并让员工为在这家企业工作而感到自豪，从而让员工竭尽全力地工作；对外可以宣传企业的知名度，提高消费者的信任度和支持率，从而间接地转换成巨大的资产。这就是为什么很多企业不断努力获得一些荣誉称号以提高企业的核心竞争力。

3. 业绩亮点

企业的经营绩效是指一定经营期间的企业经营效益和经营者业绩。企业经营效益水平主要表现在企业的赢利能力、资产运营水平、偿债能力、后续发展能力等方面。

▲

2016 年年会上，阿里巴巴的高管对过去一年的业务亮点进行点评，2016 年除了零售平台、阿里云、农村淘宝等"尖兵"部队，有两支新秀业务团队获得最多提名和肯定。

一个团队是过去一年带给阿里巴巴巨大惊喜的钉钉，财报披露，钉钉企业用户已达百万人。另一个团队是跃居第三大移动操作系统、承载着阿里巴巴集团全面布局全生态智能硬件领域的YunOS。

这两支新秀团队加入后，曾经经历过许多次失败，但它们顶着巨大的压力杀出了重围。CEO张勇表扬两支团队"坚持""耐得住寂寞""勇于挑战"，马云也给予了这两支团队高度肯定。

4.其他亮点

企业的其他亮点包括领导的经营管理、产品、质量等方面。

在产品方面，一些优秀的企业通常采取直接建厂和外包两种模式。一些拥有硬件核心技术的企业通常采用直接在其他国家建厂的方式，如英特尔、惠普公司等。

在成都，除了为苹果代工的富士康公司外，还有英特尔建造的芯片厂。英特尔全球一半的移动设备微处理器来自成都。目前，英特尔成都芯片厂的产能位于全球第一，一半的全球笔记本电脑的芯片来自成都。

苹果在产品的硬件上缺乏独创的核心技术，它的优势是把来自其他企业的最新科技和时尚结合在一起，不断创造新的消费亮点。所以，苹果无须封闭建厂，只要把产品外包给加工精细的代工厂即可。

🎯 标杆系统

一家发展中的未上市公司，一定要策划并打造出属于公司的标杆系统。对于标杆系统，一般建议设置以下 3 种。

1. 收入标杆

公司可以让当月收入最高者发表感言，并拍照片进行宣传。

我之前担任顾问的一家公司，在做尽职调查的时候正好赶上他们的绩效大会，当月销售冠军是一个"90 后"的小伙子，拿到的实际工资是 12 万元；有一个员工在一年中的最高月薪拿到 29 万元；还有一个员工仅年终奖就拿了 60 万元……他们在发表感言时，下面的员工对他们很崇拜，同事们为他们高兴，他们心里更是开心、自豪。

如果一家公司能有这样的员工，自然会为其他员工树立一个标杆，其他员工看到对方拿到了这些实实在在的物质奖励，在羡慕的同时，也会更有工作动力。

B 公司是一家软件开发公司，这里的员工工作勤奋，通宵加班是常有的事情，工作时饿了，就出去吃点饭，回来后接着干，干到饿了，又出去吃点饭，直到累得不行了，才下班回家睡觉。

B 公司的员工为什么这么拼命工作？原因就是员工干得好赚得也多。

例如，公司有一位名校毕业的员工小陈，24 岁，他的入职薪酬是 4000 元，由于工作能力有限，一个月的月薪是底薪加提成，一共是 5000 元。

一年后，由于他工作努力，其业绩突飞猛进，成为公司新员工中的标杆，每月能拿到 1 万多元。

第二年，公司根据他的能力进行评级，他评了 A 级，这样他一个月仅基本薪酬就能拿 2 万元。

第三年，他因为工作出色，成了优秀员工，有资格拿公司的股权分红了。他的工资和分红，年收入总计 50 万元。

第四年，也就是他 28 岁时，他被提升为公司中层主管，一年总收入 130 万元，这包括他 80 万元的年薪，股权分红 35 万元，以及其他收入 15 万元。

以此发展下去，小陈在公司 5 年、10 年后的收入将非常惊人，如表 3-4 所示。

表3-4　员工小陈在公司的年收入

24 岁	刚进公司	工资：4000 + 提成 =5000（元），一年收入：6 万元
25 岁	努力提高工作能力	工资：4500 + 提成 =10000（元），一年收入：12 万元
26 岁	持续不断地提升能力	工资：5000 + 提成 +A 级 =20000（元），一年收入 24 万元
27 岁	工作出色，成为优秀员工	工资：5500 + 提成 + 股权分红 + 优秀员工 = 48000（元），一年收入 57.6 万元
28 岁	中层主管	工资：以年薪计，80+ 分红 35+ 其他收入 =130（万元）

从表 3-4 中，我们可以看到，小陈每年的年收入是成倍增长的。当公司具有如此激励人心的薪酬制度的例子时，相信每位员工都会信心百倍地工作。

2. 荣誉标杆

荣誉标杆可以分为个人荣誉、团队荣誉及个人文艺特长获奖荣誉。

A 公司为了激励公司员工协同合作，特别设置了一个奖项：团队荣誉奖。即团队每个成员的业绩在每个月必须达到什么目标，会奖励团队一朵小红花，如果该团队一年得到 5 朵小红花，公司会有一笔现金奖励给每个团队成员；如果该团队一年得到 6 朵小红花，又会给予每个成员更高的奖励……以此类推，团队得到的红花越多，公司年终给的福利越高。在这种激励下，团队成员为了共同利益，就会发挥相互合作、相互帮助的精神，从而为了团队的荣誉全力以赴地工作。

如果你是应聘者，你将要入职的是一个非常有活力、气氛轻松、文艺演出和户外拓展时拿的奖项最多，销售业绩总是团队第一的团队，你肯定很乐意加入。所以，荣誉标杆对优秀员工的吸引力还是有很大影响的。

3.福利标杆

一般每家公司会针对员工关怀制定或大或小的福利，生日会、节日问候、下午茶、户外拓展、团队聚餐等屡见不鲜。设定福利标杆，不一定奇特或不按常规，但一定要有代表性，能触动其他员工的心情，公司如果时刻做到真正把员工放在心里，员工是能够感受到的。

微软公司在给员工的福利待遇中，为初为父母的员工新加一项：员工可以享受为期一年的带薪休假。同时，为准父母提供 12 周的带薪休假，准妈妈可以同时享受原定的 8 周带薪产病假，一共可享受为期 20 周的带薪休假。

实惠系统

A 公司为员工制定了非常实惠的制度。

员工入职公司一年后，如果业绩达到公司要求的水平，那么公司会根据员工的爱好、兴趣，提供广阔的发展空间，在增加员工工资的同时，进行更专业的培训，把表现优秀的员工当作优秀员工加以培养。

员工在公司工作满两年，如果业绩能达到公司要求的水平，那么在奖励年终奖、提高福利的同时，还会为员工提供与自己能力相匹配的职位，职位月薪会达到六位数，在这个职位上，员工可自由地发挥强项。如果接下来表现好，薪资和职位会不断地往高调整。

员工在公司工作满三年后，如果工作能力突出，在享受公司的各种福利外，公司还会把员工提拔为中层管理者，如果以后表现突出，公司会重点培养，一年后进入公司的高层，成为公司的持股员工。同时，还会满足员工一个心愿。

A 公司的实惠系统制定后，大大激发了员工的工作热情。

实惠系统是最现实、最贴近人心的，这个系统需要企业站在员工的位置换位思考：如果我是应聘者，我在这家企业工作，能得到什么好处？我建议至少有以下 3 种。

1. 成长系统

员工强，则企业强；员工智，则企业兴。在成长的问题上，企业和员工并不是对立的两个方面，而是互相学习、共生共赢的关系，如果能从员工成长的角度管理，制定一个完善的成长系统，包括专业学习、个人能力、管理能力、处事能力等，就可以激发员工发展自己能力的愿望，同时积极地提高并投入工作中去。

2. 晋升系统

心理学家研究分析，人有掌控权力的需要、归属的需要和成就的需要 3 种基本需要。满足不了个人的基本需要，就不会有激励作用。个人需求引发人们做事的动机，这种动机又会支配人的行动，最后这种行动能得到很好的激励，从而满足个人的需求。而这 3 种基本需要，员工晋升系统都可以满足。

优秀的企业是一个平台，让员工尽情成长、发挥自己的潜能，要设置至少 8 级以上的晋升通道，但这个级别并不是简单地划分初级、中级、高级，也不是普通员工、经理、总经理，而是需要进一步细化，明确每个晋升职位新增的要点，如绩效考核指标的不同点、如何进行规划工作等大大小小的不同具体点等。

我们曾经帮一家公司设计了 18 个晋升级别，文职、技术普工、销售都有其各自不同的晋升通道，这就需要各位企业家和人力资源部门根据公司自身需求和职位特色进行系统梳理。因为公司有义务最大限度地发挥员工的能力，为每位员工提供一个不断成长以及挖掘个人最大潜力和建立成功职业的机会。

3. 收入系统

收入是大多数新人进企业最关心的问题，一家企业怎么制定员工的工资结构和奖金机制才能吸引更多的优秀人才来企业一起奋斗，并且他们能长久地和企业一起走下去，是每位企业家和人力资源总监都在思考的问题。

我们可以用海底捞为例，海底捞的员工对客户服务做得相当到位，但可能很多人不知道其实在管理上，海底捞也倡导用双手改变命运的价值观，为员工创建公平公正的工作环境，实施人性化和亲情化的管理模式，提升员工价值。

海底捞员工总体工资结构

总工资＝基本工资＋级别工资＋奖金＋工龄工资＋分红＋加班工资＋其他－员工基金

级别工资：一级员工＋60元，二级员工＋40元，普通员工不变

奖金：先进员工、标兵员工奖励80元/月，劳模员工280元/月，功勋员工500元/月

工龄工资：每月40元，逐年增加

分红：一级员工以上才可以分红，分红金额为当月分店利润的3.5%

其他：包括父母补贴（200元、400元或600元，帮助寄回老家父母处）、话费（10～500元/月）

员工基金：在每月工资中扣除20元，扣满一年为止

普通员工工资结构

新员工：总工资＝月薪＝基本工资＋加班费＋岗位工资＋其他－员工基金

二级员工：总工资＝月薪＋级别工资＋工龄工资

一级员工：总工资＝月薪＋级别工资＋工龄工资＋分红

劳模员工：总工资＝月薪＋级别工资＋荣誉奖金＋工龄工资＋分红

管理层员工工资结构

大堂经理：总工资＝基本工资＋浮动工资＋工龄工资

店经理：总工资＝基本工资＋浮动工资＋工龄工资

在这里我们看到的是员工的工资结构，一名员工的月收入结构居然被切分成至少8个部分，这是因为海底捞喜欢复杂的工资架构吗？当然不是！这8个

部分体现了海底捞拉动员工做事的心思：

基本工资——鼓励员工全勤；

级别工资——鼓励员工做更多或更高难度的工作；

奖金——鼓励员工做更高的工作标准；

工龄工资——鼓励员工持续留在企业工作；

分红——公司整体业绩和员工个人收入挂钩；

加班工资——鼓励员工多做事；

父母补贴——让员工的父母鼓励自己子女好好工作；

话费——鼓励员工多和客户沟通。

多劳多得不应该停留在思维上，还要看企业让员工劳什么、得什么，设计好劳的内容和得的机制，才会看到机制的成效。多劳多得不应仅停留在底薪和提成结构上，还需要更精细的分工和分配。

第四章 ◀

企业股权激励系统——底层系统之激发系统

激发员工的愿力系统

在讲到激发员工愿力的系统时，我曾经在课堂上多次向企业家强调：**一位员工给公司创造的价值＝能力 × 愿力**。但很多企业家认为，无论是选员工，还是培养员工，重点都是培养他的能力。实际上这是不对的，为什么呢？

原因很简单，一位员工能为公司创造多少价值，除了他的能力之外，更重要的是他的愿力。

愿力是指员工自己愿不愿意为公司付出，愿不愿意在公司全力以赴，愿不愿意为这份工作和事业付出自己全部的热情。

很多公司用"空降兵"，但很少有"空降兵"用得好的，这是因为"空降兵"很难发挥他的愿力，很少全力以赴地工作。"空降兵"本来很愿意全力以赴地工作，由于很难跟得上公司文化，或其他的原因。例如，和老同事相处不融洽，这会让"空降兵"真正的愿力很难发挥出来。

如果一个"空降兵"的假设，能力是 8 分，愿力是 3 分，为公司创造的价值只有 24 分。如果公司普通员工的能力不怎么样，可能刚刚只有 6 分的工作能力，但是如果他很喜欢公司，很喜欢公司的企业家，很喜欢和同事合作，很喜欢公司的氛围文化、管理制度等，即使他的愿力是 8 分，那么 6×8 ＝ 48 分。

一个能力为 6 分的员工有可能比 8 分的"空降兵"给公司创造的价值更多，这个主要差别在哪里？就在于一个人的愿力。员工愿不愿意为公司全力以赴，愿不愿意在公司付出自己全部的热情，决定着一家公司的发展速度。

由此来看，一家公司的成功大部分取决于员工工作的愿力。在一家公司中，如果能找到一两个或多个像企业家一样能力差不多的人，同时像企业家一样全力以赴地工作，那么这家公司就会迅速发展，并且很容易在同行业中脱颖而出。

这就是愿力的力量。

对员工来说，愿力就是如何激发员工的工作热情，让分公司和子公司的所有高层、部门以及每个员工的个人利益能够和企业挂钩，让他愿意做事。可以说，员工给企业创造价值的核心关键是愿力。

美国耶鲁大学的心理学家艾美对上千名员工的研究发现，公司员工有 3 种工作取向：

第一种是把工作当作工作，就是从这里拿钱过日子，明天说不定就离开公司了；

第二种是把工作当作职业，既然是职业，就要具有职业精神；

第三种是把工作当作事业与使命，即这份工作要为人类带来幸福。

研究结果大不相同，第三种员工，有着事业和使命价值取向的员工回报更多，工作更加努力和持久，成就更大。

在竞争日益激烈的当下，公司要想发展，需要一支有愿力的团队。公司要招聘、面试的重点是考查员工的愿力。而那些招聘直接训练技能技巧的企业家是在帮你的竞争对手培养员工。

为什么这样说呢？

大部分的企业家主要把精力放在如何激励员工和培训员工上，但是如果员工的能力和事业心一般，不管你如何激励，也不管你如何培训，他始终很难达到一定的高度。

一流的人才大部分是培养不出来的，因为一流的人才需要很高的天分，同时还必须加上天时、地利、人和等多重因素。

所以我再次强调一下：一流企业家做招聘，二流企业家做激励，三流企业家做培训！企业家必须花 80% 的精力在招聘一流人才上！

如何才能招聘到优秀人才呢？

很多企业家和人力资源部的招聘思路是错误的，我经常在课堂上询问企业家在面试时问应聘者哪些问题。

大部分企业家的回答就是问经验、业绩、学历、专业等，还有的企业家喜欢名牌大学的毕业生，喜欢有工作经验的职业经理人，喜欢对手公司的团队负责人，这样的招聘方式也许可以招到优秀人才，但基本上招不到适合你公司的优秀人才。

因为上面的这些甄选条件都是站在公司的角度设置的，即公司喜欢什么样的人才。但问题是，招聘人才和找对象的原理是差不多的，你单方面情有独钟，如果对方对你没意思，基本上很难有好结果。我们也许可以按照自己的要求，暂时招到符合我们条件的应聘者加入公司，但是这样的员工是否稳定是很难掌控的。

国内有一家非常知名的房地产公司，在行业内至少排在前三，曾经有段时间非常热衷于高薪招聘985、211高校的优秀毕业生，并且至少要是学生会负责人、社团负责人、班长、三好学生等，他们的招聘逻辑听起来也是很有道理的——优秀的企业是由优秀的人才做出来的，优秀的人才一定在优秀的高校，并且在优秀的岗位上历练过。于是用了半年多时间，在全国985、211高校招聘了200多位千挑万选出来的优秀毕业生。

经过了一年时间，最后的结果是200多位精心挑选的人才，只剩下了两位。人力资源部深入分析后发现这些人才除了少数属于公司淘汰掉的之外，大部分是自己离职的，离职的原因大部分是觉得不适应行业、不喜欢岗位，这不是自己想要一辈子从事的行业，或者要去留学等。

招聘重要的不是要招企业家喜欢的人，你越喜欢他，越重视他，他越自我感觉良好，稍有不顺心就闹别扭，反而很难留住。而最终能够留下来的，往往是喜欢公司、欣赏公司的人，他们喜欢并欣赏公司的各个方面，包括文化、制度、领导等，这样的人留下来能够稳定甚至死心塌地为公司服务。

其他公司如阿里巴巴也有前车之鉴，曾经在阿里巴巴担任 CEO 的卫哲后来这样回忆。

阿里巴巴那时候很少去清华招工程师。我去清华做校招，人家问我，卫哲你来干什么？马云怎么不来？李彦宏都还来呢，觉得我去都不够格。

那我跑到华中科技大学，1000 多人的场子，挤进来 2000 多人。阿里巴巴很多最优秀的工程师，都是武汉邮电、华中科技这些大学毕业的，并不是大家心目中清华、北大这样的名校。

清华、北大的学生，永远有比阿里巴巴更好的职位。但你到了武汉邮电，到了华中科技，阿里巴巴就是那些学生最好的机会。

由上面的案例，我们可以总结以下几点：

公司的激励要从招聘开始抓起；

要招聘喜欢公司而不是公司喜欢的人；

要招聘那些有强烈企图心而不是找份工作的人。

关于如何能够招聘到优质并且适合公司的人才，还有很多关键点，因本书的重点不是招聘，所以建议有兴趣的企业家可以参加我们的股权课程，课程中我会有专门的章节讲授。

用招聘的形式培养员工的愿力

企业家要想招到合适的人，你要有一个愿景。除了想要和优秀的人一起工作，对方还要认同你的愿景，也就是明白为什么这份工作比其他工作都重要？使命感可以给人带来激情。

如果你有一个很好的愿景，那你就会发现一些稍微超出你标准的人，很快就能胜任一个很有挑战性的职位。

公司招聘员工的 3 个愿力，如图 4-1 所示。

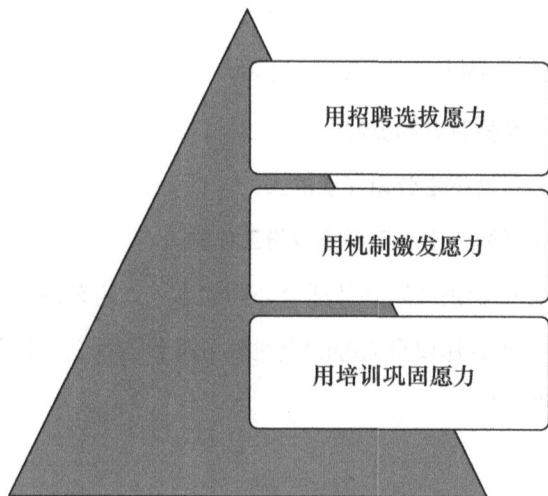

用招聘选拔愿力

用机制激发愿力

用培训巩固愿力

图 4-1　公司招聘员工的 3 个愿力

1. **用招聘选拔愿力**

在一家企业或公司里，企业家和管理者最重要的工作之一，就是通过招聘的形式选拔有愿力的员工。为此，在课堂上，我经常拿一个生活中的案例和企业家探讨。

我问企业家："你们当地有没有重点学校和一般学校之分？"

企业家答："有！"

我再问："重点学校和非重点学校有什么区别呢？"

企业家各种回答："重点学校抓得严，非重点学校不严；重点学校老师好，非重点学校老师没那么好；重点学校学生好，非重点学校学生没有那么好……"

我追问："你们觉得重点学校与非重点学校，最关键的差别是老师的差别，还是学生的差别？譬如北大、清华和一般高校，到底关键差别在老师水平差别还是学生水平差别？"

经过讨论，大部分人认为：主要在于学生水平的差别。

重点学校和非重点学校的差别不在于老师的水平、学校制度等外在因素，而主要在于生源之间的差别，如果没有优质的生源，恐怕再好的老师也很难把一群"差生"培养成高才生。

我的老家是江苏启东，启东有所全国知名的高中——启东中学，每年都有十几位毕业生保送北大、清华，90%甚至95%以上的学生能上一本线，而且经常有学生获得国际级竞赛金奖，这在任何一所高中学校都是非常了不起的成绩。

启东中学的高考成绩和竞赛成绩为什么会这么出色呢？因为启东中学把启东地区每个学校里顶尖、有学习天分的学生通过中考的形式选拔进去，再加上优质老师的全力培养，造就了一批又一批顶尖的学生，也成就了启东中学的声誉。

我们试想一下，启东中学如果不是把全市最优秀的学生选拔进去，而是像很多普通高中一样选的只是一些普通资质的学生，会不会依然还有这么好的高考成绩呢？我们不敢说完全不可能，但一定不会每年都这么好。

所以我们得出结论：对于一所学校的好坏，学生是1，老师是0，学生质量不好，老师再有能力，也很难打造出好学校！

这个结论同样适用于企业，一位企业家最重要的事情就是选拔、招聘一群本身就非常能干又有事业心的一流人才，这样才会让企业成为明星企业。

一般来说，企业可以从以下原则招聘员工。

原则1：选择喜欢企业的，而不是企业喜欢的

企业和人才的关系有时候与此类似，很多公司想找到自己心目中的人才，希望对方有能力、有品行、有技术，但是没有考虑一件事情：你的公司在那个人眼里，到底是不是他喜欢的，你提供的岗位到底是不是他喜欢的岗位，到底是不是他愿意付出才华的领域……

人生最难买的就是心甘情愿，一个人一旦心甘情愿了，再大的困难、再大的瓶颈，也愿意承担、愿意接受、愿意坚持；一个人一旦心不甘情不愿，就算眼下被高薪资、高福利吸引来，稍微遇到点挫折和困难就容易打退堂鼓。

原则2：选择有强烈企图心的人

一家企业要做大做强，最重要的是企业家的企图心，一个只想赚点小钱过日子的企业家是不可能成就一番大事业的。

其次，企业里有多少人和企业家一样有着强烈的企图心，对企业的事情全力以赴？

什么样的人才会对企业全力以赴呢？

其一，本身就是一个拥有强烈企图心的人；

其二，企业家给了让他心甘情愿奋斗的机制和舞台。

哪个更重要？当然是第一个，这也是我一直在强调的，招聘比激励要重要得多。

一个人要对工作有强烈的企图心，必须首先对自己有强烈的企图心，千万不要指望一个对事业都没有强烈企图心的人会对企业的事情有强烈的企图心，更不用指望他会全力以赴。人生目标的高低直接决定人生奋斗的态度，一个人生目标只是与爱人、孩子享受甜蜜幸福的人，是不可能像企业家一样全力以赴、与困难相搏的。

有强烈企图心的人，必须首先对自己的人生有着很高的目标和梦想，他的目标绝对不是找一份好工作，拿一份好薪水，过一辈子好生活，他的最低目标应该是通过自己的努力改变自己的命运、改变家族的命运，高一点的目标是改变那些相信他、跟随他的人的命运，更高一点的目标是改变一个行业，一村、一乡、一镇、一县人的命运，再高的目标则是胸怀天下。譬如我们熟知的乔布斯的人生格言：活着就为了改变世界！

一个人在应聘时过多地注重细节、薪资、节假日等，基本上就可以判断此人的焦点还在生活上，他是不可能把全部精力用到工作和事业上的。简言之，他是没有强烈企图心的人，这样的人在企业最多只能做员工，一旦让这类人走上领导岗位，基本上他带的团队会缺乏战斗力，更不会全力以赴。

原则 3：降维招聘

降维招聘包括级别降维和薪资降维。

何为级别降维？就是正常情况下，人力资源经理不会亲自招聘一名普通员工，可能是人力资源主管或者人力资源经理助理去面试。但在降维招聘中，我们建议最好要降低 3 个层级去招聘，如果招聘一个员工，往上走三级应该是主管—经理—总监，应该至少是总监这个级别的人去招聘，效果才会更好。

为什么？因为招聘不仅是一门技术活，更是一门艺术活！

优秀的招聘者不是一个简单的招聘人员，从某种意义上说，他是一家企业的形象代言人，优秀的招聘者有时候是一个顶尖的销售人员，只是他销售的不是企业的产品，而是企业的愿景、使命、价值观、文化、优势、团队、企业能给应聘者带来的价值。

很多企业在招聘时，派两个主管到人才市场招聘，收集一堆材料，然后一个个邀约面试，或者网络招聘，然后再派一个主管去面试。请大家想一想，一个主管可能进公司才 3 个月，对企业的文化、价值观、目标、团队、优势、文化等还不太清楚，就去招聘新员工，请问应聘者体会到的是这是一家有能量的企业还是没有能量的企业，有前途的企业还是没有前途的企业？

阿里巴巴在招前 500 位员工的时候，马云都要亲自参与招聘，因为马云亲自参与招聘，能够把公司的文化、使命、价值观、目标、团队、优势等讲得非常透彻，重量级招聘者本身自带的那种能量、磁场和自信，传递给应聘者，会让应聘者对公司的前景、信心和进公司的欲望大大增加，更重要的是，重量级招聘者也更容易吸引重量级应聘者，因为只有大格局的人才吸引大格局的人，大能量的人才吸引大能量的人。被最早作为前台文员阿里巴巴招聘过来的童文红女士，后来成为阿里巴巴全球资深副总裁以及菜鸟首席运营官的，她就是马云亲自参与招聘的 500 位员工之一。

何为薪资降维？其实这也是阿里巴巴招聘中常用的一个技巧。

一般的企业在招聘时，如果招一个月薪 10000 元的人，喜欢找上一份薪资在 7000～8000 元或 8000～9000 元的"选手"，因为这种级别的"选手"一般上手就能用，但是阿里巴巴的经验是这类人虽然能力上没有问题，但是在愿力方面、对工作的投入方面很少能做到全力以赴，为什么？因为这类人不会太珍惜。在其看来是理所应当，而不是知遇之恩。但从人性的角度出发：理所应当的心理认知和知遇之恩的心理认知将在其未来的工作中产生巨大的动力差别。

如果我们换种方式：招 10000 元薪资的人，从原来 4000～5000 元或 5000～6000 元薪资的人群中去找，一旦找到符合要求的人，将他的薪资提升到 10000 元，那么对这个人来讲，公司和企业家给到他的可不是理所应当的，而是知遇之恩，可想而知对一家有知遇之恩的公司和企业家，求职者将会拿出什么样的工作态度。

这就是薪资降维招聘的人性角度原理。

再次总结一下：企业要想激发团队的潜能和动力，最重要的3步如图4-2所示。

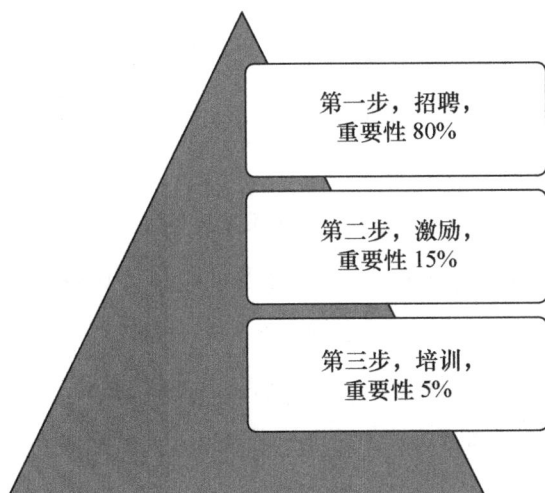

第一步，招聘，
重要性80%

第二步，激励，
重要性15%

第三步，培训，
重要性5%

图4-2 企业激发团队的潜能和动力的3步

企业和企业家把80%的精力放到招聘最适合的员工上——不是最优秀而是最适合的员工，那么后面的激励和培训将会事半功倍。而今天中国大部分的企业家和人力资源恰恰做反了，很多人将精力放在了对团队的激励和培训上，这样做的结果只会事倍功半。

2. 用机制激发愿力

林肯电气公司（以下简称"林肯公司"）总部设在克利夫兰，年销售额为44亿美元，拥有2400名员工，公司形成了一套独特的激励员工的方法。

林肯公司90%的销售额来自生产弧焊设备和辅助材料，所以，林肯公司的生产工人按件计酬，他们没有最低小时工资。

员工在公司工作两年后，就能分享年终奖金。除此以外，公司奖金制度还有一整套计算公式，全面考虑了公司的毛利润及员工的生产率与业绩，在当时看来，这是美国制造业中对工人最有利的奖金制度。

林肯公司的平均奖金额是基本工资的95.5%，相当一部分员工的年收入超过10万美元。随着经济的发展，员工年均收入达44000美元，远远超出制造业员工年收入17000美元的平均水平。

林肯公司的1982年，正是世界经济萧条时期，工收入虽然降为27000美元，但仍然比其他公司高。

公司自1958年开始，一直推行职业保障政策，从那时起，他们没有辞退过一名员工。作为对此政策的回报，员工也要做到以下几条：在经济萧条时期，他们必须接受减少工作时间的决定；接受工作调换的决定；有时甚至为了维持每周30小时的最低工作量，不得不调整到一个报酬更低的岗位上。

林肯公司极具成本和生产率意识，如果工人生产出一个不合标准的部件，那么除非这个部件修改至符合标准，否则这件产品就不能计入该工人的工资，严格的计件工资制度和高度竞争性的绩效评估系统，在工人形成了一种很有压力的氛围，有些工人还因此产生了一定的焦虑感。

但是，正是这种压力有利于生产率的提高。公司的一位管理者估计，与国内竞争对手相比，林肯公司的总体生产率是他们的两倍。从20世纪30年代经济大萧条以后，公司年年获利丰厚，工人年年有分红。同时，林肯公司还是美国工业界工人流动率最低的公司之一。为此，林肯公司的两个分厂还被《幸福》杂志评为全美十佳管理企业。

从上例中，我们发现，一家公司的发展，必须用有效的机制激发员工的愿力。

一般来说，构成员工的愿力系统的机制包括以下几点。

一是目标机制，把公司的目标转化为他个人的目标。这需要找到他的核心需求点和转换成业绩目标。例如，激励对象的目标是今年买一辆30万元的车，于是我们可以把30万元的车子转成销售目标，按照提成机制来计算，假如30万元的收入需要做到1000万元的业绩，于是他的目标业绩就出来了，这样定出来的目标就不是为公司和老板努力，而是为自己买一辆车而努力，为自己买车的动力毫无疑问会比给公司达成业绩的动力要强得多。

二是晋升机制，也就是分配制度，把分配制度和企业的目标与责任进行链接，企业利益与员工的个体利益进行对接。

三是薪酬机制，根据实际情况使员工了解其努力或成就与其收入之间的关系。每家企业工作效率高的员工比效率低的员工薪金高。如业务员，业务成绩好的就比业务成绩差的员工薪金高。

四是竞争机制，为增强团队战斗力，打造积极向上的竞争氛围，特制定竞争机制。

五是文化机制，企业文化是企业全体员工一致认同的价值观念、工作作风及行为规范的总称，是一家企业长期形成的独具特色的精神财富的总和。它对增强企业的向心力、凝聚力及稳定员工起着极为重要的作用。

除此以外，还有猎聘机制、内生机制、回召机制、吸引机制、留住（锁定）机制等。

3. 用培训巩固愿力

员工培训是企业优化人力资源的主要结构，是企业拥有高素质人才的重要手段。通过员工培训确定组织工作的需求，以保证培训计划符合公司的整体目标及其战略性需求。

为新员工搭建一个专业且能够建立个人联系的环境，让每个新员工在了解公司政策、合规条例，熟悉公司文化的同时，也能清晰地了解他们的工作职责、主管对他们的工作期望，并和同事建立良好的合作关系。

宜家（IKEA）在五大洲的30多个国家拥有众多分店。宜家不喜欢把人放在一间屋子里坐好、听老师讲课，"服务行业本身不适合这种方式的培训，因为涉及产品和顾客，你总不能把产品拆了，把各式各样的顾客拉到这里来做示范吧？"因此，宜家的培训是在员工之间，尤其是在新老员工之间，进行每时每刻、随时随地的经验分享与言传身教。宜家的培训规划有很多种，就英语来说，宜家一方面会聘请外教，另一方面也会让员工去语言培训中心学习。宜家认为，更实用也更便利的是公司内部的环境，宜家是一家跨国公司，工作语言是英语，而在和客户打交道的时候，也会经常碰到客户讲英语的情况，在这种现实场景中学习语言可谓得天独厚。

宜家还有一个特别之处，就是它的"外援"——来自瑞典总部的员工，分布在宜家的各个部门，并不都是管理人员。这样做的目的是把宜家的企业文化渗透至每个细胞，而不只局限于"头脑"部分。

宜家根据公司的运行计划和未来规划，发掘公司现有员工和新员工的潜在能力，在培训中分析相应的工作岗位以便系统地学习该岗位的知识和技能，从而使员工提高自身的工作能力，达到理想的工作绩效。

通过培训，员工认识到自己在业务方面存在的不足和缺陷，从而改正，实现自己在业绩上质的飞跃。让员工通过自身水平的提高获得更多的收益，有利于激发员工的工作潜力。

常见的股权激励模式之一：超额激励

常见的股权激励模式包括超额激励、身股激励、期权激励、期股激励、实股激励等。超额激励操作的原理和流程与身股激励、期权激励、期股激励及实股激励大同小异。

从本质上讲，超额激励不属于真正的股权激励，而属于绩效激励的一种，操作原理如下。

1. 根据过往业绩目标，确定今年的保底利润目标

过往 3 年公司的利润分别是 800 万元、1000 万元、1200 万元，如果不考虑外部特殊影响，我们可以把今年的利润目标设定为 1400 万元。

2. 确定超额利润部分的分配比例

按照约定，1400 万元是超额激励的起点，那么超过 1400 万元的部分如何来分呢？这需要在激励计划实施之前确定下来，假设如下：

1401 万 ~ 1600 万元，超额部分分配比例为 40%；

1601 万 ~ 1800 万元，超额部分分配比例为 50%；

1801 万 ~ 2000 万元，超额部分分配比例为 60%；

2001 万元以上，超额部分分配比例为 70%。

3. 确定今年要激励的具体岗位

有人会感到奇怪，为什么要确定具体的激励岗位，而不是先确定具体的激励人员呢？这是因为人的变数比较大，直接激励虽然效果也不错，但是很难和其他激励对象讲清楚，为什么他少你多，或者他多你少？换言之，直接激励到

人容易让别人误解有暗箱操作。

既然先要对岗位进行激励，就必须先确定本次超额激励到底有哪些岗位需要参与。

假设根据公司实际情况，公司有以下岗位需要参与激励：营销部副总、营销总监、财务总监、人力资源总监、生产部副总、生产部总监。

4. 确定该岗位的岗位激励系数

岗位激励系数是确定该岗位能够获得多少的激励份额。岗位激励份额的计算公式：

$$岗位激励额度 = \frac{超额激励总量 \times 岗位激励系数}{\sum 岗位激励系数}$$

可能有人不明白什么是∑岗位激励系数，我以上述案例的岗位状况解释一下。

∑岗位激励系数 = 营销副总岗位激励系数 + 营销总监岗位激励系数 + 财务总监岗位激励系数 + 人力资源总监岗位激励系数 + 生产部副总岗位激励系数 + 生产部总监岗位激励系数

通过上述公式我们不难理解，∑岗位激励系数就是所有岗位激励系数的总和。

那又如何计算岗位激励系数呢？我们再来看一下岗位激励系数的公式：

岗位激励系数 = 岗位价值系数 × 岗位层级系数

何为岗位价值系数和岗位层级系数？

岗位价值系数就是该岗位在公司的运营体系中，对公司的战略目标达成的重要性。一般而言，我们把公司的岗位价值系数分为 3 ~ 4 个等级，如一类岗位、二类岗位、三类岗位、四类岗位等，每类岗位根据其对公司战略目标的关键性和重要性确定其岗位价值系数。

具体哪个岗位应该归纳到哪一级别的岗位中，要根据企业所在行业、公司本身状况的不同而不同，一般而言与企业主要的驱动方式息息相关。

在前文中我们已经提到，根据不同的驱动因素，我们大概把企业分为以下

4类。

（1）营销驱动型

所谓的营销驱动型，主要是指企业的经营靠营销能力来驱动，营销做得好，公司业绩就很好；营销做得不好，业绩就一般或者很差，我相信目前80%的中国民营中小企业应该属于营销驱动型企业。

如果在公司盈利中，营销是最重要的环节，那么营销类岗位就属于一类岗位，其对应的岗位系数就是最高级别。

▲

1991年，中国的国营商场通常是先发货后付款，新成立的格力却反其道而行之。董明珠下令："先付款，后发货。"

当所有人都在为格力担忧的时候，格力这年的销售量由7亿元上涨到28亿元，翻了4倍。

区域性销售公司的模式具有独创性。所以企业的营销既要有创新性的营销方案，也要赢得消费者的心。这样企业才能在激烈的市场竞争中处于不败之地。

格力在企业蒸蒸日上的时候没有忘记回报社会，每年格力都会拿出一大笔资金做公益事业，其中支持力度最大的是贫困地区的教育事业。做慈善事业的同时也宣传了企业，企业的公益形象是一种无形资产，格力在公众心中树立了一个良好的企业形象。

1996年，中国的空调业进入价格战阶段，厂商两败俱伤，格力大胆地提出建立区域性销售公司的想法。不但让厂商共赢，而且稳固了格力的销售渠道。

格力是很懂销售的，有自己对营销的一套理解。格力一直把企业、经销商、消费者看作一个统一的整体，努力地寻找三者的利益平衡点，专注于把产品做精。

1997年，为了结束价格战，董明珠又提出一个大胆的想法，格力与湖北四大经销商联合起来成立区域性销售公司。当时很多人不看好这个模式，但年底各大经销商的收入远远超过了投资收入。

▼

事实证明这个模式是成功的。格力的改革措施是灵活的，区域性销售公司的模式实现了厂商共赢，稳固了格力的营销渠道。其后，格力将这种模式推广到其他省份，大大拓宽了格力的营销渠道。这样既让商家有钱可赚，又保证了格力空调的价格稳定在一个既定的水平上。

在国内一些著名企业中，京东、新东方、联想、海尔等都属于营销驱动型企业，区别在于有的销售实体产品、有的销售服务。

（2）研发驱动型

除了营销驱动型企业外，还有一类企业也是很常见的，就是研发驱动型企业。研发驱动型企业主要有3种类型。

第一种是营销环节彻底外包，有长期稳定的销售合作渠道，如生物制药研发企业、没有自建外贸渠道的出口型企业。

上海家化的日订单量最高过万，生产的产品有六神、美加净、佰草集等。上海家化目前拥有国内同行业中最大的生产能力，这既是它的优势，也在一定程度上成为它的负担。面对市场激烈的竞争，怎么才能把产品更快地营销出去，加速资金流转呢？

上海家化与国内实力雄厚的电子商务外包服务商——上海威博达成协议，由上海威博为其提供电子商务平台架构服务，借助专业的第三方力量，携旗下众多知名品牌，共同打造化妆品行业的电子商务航母。

威博的全网营销部门帮客户采用的营销方式，都是经过仔细推敲后精心安排的。例如，上海家化旗下的佰草集不容许有直接打折、降价的行为，营销人员在网上商城推出了买佰草集赠送名包的活动，取得了良好的效果。

经过外包公司的专业运营，上海家化的线上业务蒸蒸日上，目前日订单量最高已过万。

第二种是本身有非常大的流量平台，不缺客户，只要专注于研发产品即可。

譬如阿里巴巴、腾讯、京东这些有超大流量的平台型公司，因为平台已经自带了千万、亿万级别的流量，所以这类公司的内部团队只要研发出能令消费者喜欢的产品，就不愁卖不出去。腾讯旗下有了微信、王者荣耀等一系列的产品，可以说同样的产品，如果没有腾讯、阿里巴巴或京东这样的超大流量体做支撑，恐怕即使是微信和王者荣耀这些今天看来非常成功的产品，也不一定能让其火起来。所以当背后有巨大的流量平台做支撑时，产品的研发也就显得尤为关键了，在这样的企业和项目中，一般而言，产品研发部门所对应的岗位价值系数也会比较高。

第三种是老品牌，有长期稳定的渠道和客户群。

当一个品牌的知名度、美誉度打响之后，在一定时期内，消费者对其品牌会有一定的依赖性，因此在很长的一段时期内，企业的重心不在销售，而在不断研发新的产品。

苹果公司从最早做电脑，再后来做手机，再到 iPad 等，可以说苹果的各种产品在某种意义上成为时尚、品质的代言，而苹果的真正火爆恐怕还要归功于苹果手机，从 iPhone3、iPhone4、iPhone4S、iPhone5……一直到今天的 iPhoneX，不断的升级换代，在这一时期内，对苹果公司贡献最大的团队一定不是营销团队，而是研发团队。

当成为全世界消费者都非常认可的品牌时，苹果公司只需要不断升级、研发出更有亮点和更有吸引力的手机产品，全世界的果粉就会趋之若鹜。当然，随着乔布斯的离世，苹果公司的创造力明显下降了，在 iPhone8 以后，苹果公司的表现已经大不如前，这时候，苹果公司就需要营销团队再次贡献更大的力量，为公司创造更大的价值。

从苹果公司的案例中，我们可以看出，当苹果的品牌还不是特别响亮，还没有获得全世界果粉竞相追逐的时候，苹果公司在某种意义上是营销驱动型公司，因此营销型的岗位和部门的价值系数要高于其他部门。

当苹果一夜爆红，成为全世界消费者的首选品牌时，苹果公司又成了一家以研发为主要驱动力的公司，因此研发型的岗位和部门的价值系数就要高于其他部门。

今天，苹果在全世界的"统治力"日渐下滑，恐怕在未来几年内，营销部又将成为苹果公司的第一核心部门，随之涨高的必然是营销部门所对应的岗位价值系数。

（3）资金驱动型

有些行业属于资金驱动型行业，这类行业对资金的依赖度比较高，很多时候，企业的竞争力与其资金实力是成正比的，如交通行业、钢铁行业、机械行业、石油化学行业、房地产行业等。

在这些行业里，一般谁能帮企业赚钱，谁的岗位价值系数就比较高。

（4）资源驱动型

最后一种是资源驱动型，这里的资源指的是广义的资源，包括有形的和无形的。

有形的资源，像土地、森林、江河湖海、各种矿产资源。某些产业只要拿到土地——如早期的房地产公司，不管是自己开发还是转手倒卖，都很容易挣钱，于是谁能帮公司拿下土地，谁的岗位价值系数就比较高。

总而言之，我们对公司的岗位价值做评估，分级为 1 ～ 4 类，每类根据行业的特性再赋予一定的岗位价值系数，确定具体的岗位价值系数需要较复杂的计算。

假设我们最后测算出以下几个岗位的岗位价值系数：

营销部副总——A1；

营销总监——A2；

财务总监——A3；

人力资源总监——A4；

生产部副总——A5；

生产部总监——A6。

下面再讲讲岗位层级系数。岗位层级系数相对比较简单，主要根据所在岗位层级的高低确定，我们把企业的岗位层级大致分为以下几类，如图4-3所示。

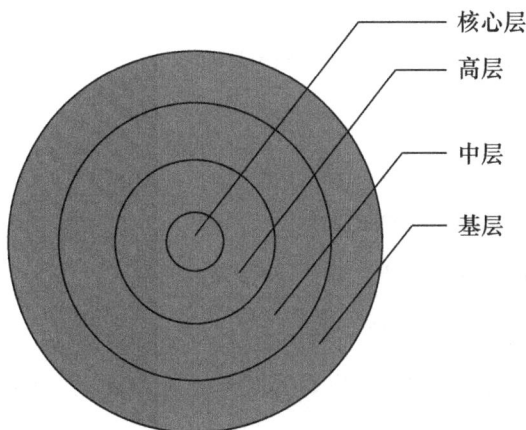

核心层

高层

中层

基层

图4-3　企业的4个岗位层级

当然，有的公司高层和核心层是合并在一起的，规模大一点儿的公司也可以分开，那么根据不同的行业和企业的特点，我们测算出不同的岗位层级系数。

假设以下几个岗位测算出来的岗位层级系数：

营销部副总——B1；

营销总监——B2；

财务总监——B3；

人力资源总监——B4；

生产部副总——B5；

生产部总监——B6。

最后，我们按照岗位激励系数的计算公式：岗位激励系数 = 岗位价值系数 × 岗位层级系数，计算出各个岗位所对应的岗位激励系数。

得出以下结果：

营销部副总岗位激励系数——A1×B1；

营销总监岗位激励系数——A2×B2；

财务总监岗位激励系数——A3×B3；

人力资源总监岗位激励系数——A4×B4；

生产部副总岗位激励系数——A5×B5；

生产部总监岗位激励系数——A6×B6。

（5）确定各岗位的岗位激励额度

$$\text{岗位激励额度} = \frac{\text{超额激励总量} \times \text{岗位激励系数}}{\sum \text{岗位激励系数}}$$

假设今年完成的利润额度为 1600 万元，按照第二条约定的分配比例为超额部分的 40%，也就是 1600-1400=200 万元的 40%，即超额激励总量为 80 万元。

假设所有岗位激励系数的总和 $\sum$ 岗位激励系数是 100，则各岗位的激励额度如下：

营销部副总岗位激励额度——80 万元 ×（A1×B1）/100；

营销总监岗位激励额度——80 万元 ×（A2×B2）/100；

财务总监岗位激励额度——80 万元 ×（A3×B3）/100；

人力资源总监岗位激励额度——80 万元 ×（A4×B4）/100；

生产部副总岗位激励额度——80 万元 ×（A5×B5）/100；

生产部总监岗位激励额度——80 万元 ×（A6×B6）/100。

（6）确定各激励对象的考核系数

以上确定的激励岗位所对应的激励额度，一般不是激励对象最后能够拿到的额度。激励对象最后到底能拿多少激励额度，要看他最后的考核系数是多少。考核系数高最终得到的激励额度就高，考核系数低最终得到的激励额度就低，甚至有可能为零。

考核系数一般是根据考核目标达成情况计算出来的。

表 4-1 是股权激励常用考核系数表（S 公司 2018 年激励对象考核系数表），这张表里的考核系数总共有六大类：价值取向系数、品德素养系数、绩效考核系数、自我约束系数、学习成长系数、梯队建设系数。当然，在一般的企业里，你可以根据公司的实际状况和考核能力做一定的删减，如在 6 个考核系数里，只选其中的 3 ~ 4 个考核项目作为公司考核范畴也是可以的。

表 4-1　S 公司 2018 年激励对象考核系数表

No.	评估项目	评估标准	评估结果
A	被激励对象	张三	
B	担任职位	总经理	
C	评估周期	2018 年 1 月 1 日～ 2018 年 12 月 31 日	
D	评估日期	2019 年 1 月 15 日	
E	价值取向系数	评分标准： （1）要求价值观与公司保持一致 （2）一票否决制	
F	品德素养系数	评分标准： 全体下属评分，≥ 80% 为 1，≤ 80% 为 0	
G	绩效考核系数	具体参见《2018 年各岗位重要任务呈现表》 评分标准： （1）85 分≤绩效评分，系数为 1 （2）75 分≤绩效评分＜ 85 分，系数为 0.8 （3）65 分≤绩效评分＜ 75 分，系数为 0.6 （4）绩效评分＜ 65 分，系数为 0	

续表

No.	评估项目	评估标准	评估结果
H	自我约束系数	评分标准： （1）违纪次数不超过 8 次 （2）一票否决制	
I	学习成长系数	评分标准： （1）投资学习不低于年收入的 10%，不低于两月一期 （2）一票否决制	
J	梯队建设系数	培养目标：培养 5 名合格的分公司总经理 （以核心管理层评审达标为依据） 评分标准： （1）培养 5 名合格，系数为 1 （2）培养 4 名合格，系数为 0.8 （3）培养 3 名以下，系数为 0	
K	评估结果	实际激励额度＝价值取向系数 × 品德素养系数 × 绩效考核系数 × 自我约束系数 × 学习成长系数 × 梯队建设系数	

最后在年终时，根据以上这张考核表，得出每位激励对象的最后考核系数，假设依次为：

营销部副总——C1；

营销总监——C2；

财务总监——C3；

人力资源总监——C4；

生产部副总——C5；

生产部总监——C6。

（7）确定各激励对象实得激励额度

具体计算公式：个人实得激励额度 ＝ 岗位激励额度 × 个人考核系数

计算后结果如下：

营销部副总实得额度——C1×80 万元 ×（A1×B1）/100；

营销总监实得额度——C2×80 万元 ×（A2×B2）/100；

财务总监实得额度——C3×80 万元 ×（A3×B3）/100；

人力资源总监实得额度——C4×80 万元 ×（A4×B4）/100；

生产部副总实得额度——C5×80 万元 ×（A5×B5）/100；

生产部总监实得额度——C6×80 万元 ×（A6×B6）/100。

（8）确定激励支付方式

一般情况下，我们不建议将股权激励所得一次性发放，一般会延期发放以起到锁定的作用，常见的支付方式有 50%∶50%，也可以是 33%∶33%∶33%，也可以是 50%∶30%∶20%，还可以是 20%∶30%∶50%，如表 4-2 所示。

表 4-2　锁定人的股权支付方式

递延支付	第一年收入	第二年收入	第三年收入	第四年收入	……
第一年配比	50%	30%	20%		
第二年配比		50%	30%	20%	
第三年配比			50%	30%	20%
……				50%	30%

超额分红支付方式按 5∶3∶2 原则递延支付。

若超额比例在 20% 以内或超额奖金低于 10 万元时，则该超额分红奖金当年一次性发放。

超额比例在 20% 以上或大于 10 万元时，则采用 5∶3∶2 原则递延支付。

分红在每年 1 月 30 日发放，公司代扣代缴个人所得税。

中间因个人原因离开公司者，原则上视其为自动放弃剩余分红，公司也可以开设专门账号管理此项奖金，如用于未来购买公司股份等。

（9）确定退出机制

提示：在方案有效期内，凡发生以下事由（包括但不限于），自情况核实之日起即丧失超额分红资格和考核资格，取消剩余分红，情节严重的，公司依法追究其赔偿责任并有权根据公司规章制度给予相应处罚，相应处罚包括但不限于停止参与公司一切激励计划、取消职位资格甚至除名。构成犯罪的，移送司法机关追究其刑事责任。

（1）因不能胜任工作岗位、违背职业道德、失职渎职等行为严重损害公司利益或声誉而导致的降职。

（2）公司有足够的证据证明激励对象存在严重失职、索贿、受贿、贪污盗窃、侵占公司财产、泄露公司经营和技术秘密、损害公司声誉或利益等情形而对其予以停职或开除的。

（3）开设相同或相近的业务公司。

（4）伤残、丧失行为能力、死亡。

（5）违反公司章程、公司管理制度、保密制度等其他行为。

（6）违反国家法律法规并被刑事处罚的其他行为。

……

以上是超额激励的原理和操作流程，这9步在实务操作中，有一小部分，前后次序是可以颠倒的，不影响最后的结果，所以不一定要严格按照以上9步来做。另外，也要提醒读者，以上案例是虚构，所以部分数据不一定符合实际，建议大家千万不要完全套用。

常见的股权激励模式之二：身股激励

身股激励的激励原理和操作流程，和超额激励部分大同小异，或者说非常接近，我们就不再一一列举说明了，只是简要介绍一下各种激励工具的特点，需要采用以下几种激励工具的企业和企业家，仔细研读上文的超额激励部分，就可以将各种股权激励的原理和实操步骤领悟明白。

身股就是干股分红的意思。

A 企业是一家民营企业，企业家为了激励销售部经理，就对他说："如果销售部的业绩今年能达到 1000 万元以上，并且利润达到 150 万元以上，我就分给你 10% 的身股（干股）。"

一般来说，身股（干股）的典型特点是不需要到工商局登记注册，并且只有分红权，没有决策权，人在公司就有，人不在公司就没有。

身股激励在股权激励中也是常见的一种激励模型，当身股激励总量确定好以后，其他的操作流程与超额激励大同小异，这里就不做赘述！

常见的股权激励模式之三：期权与期股

期权是上市公司在做股权激励时常用的一种激励工具，简单理解就是公司根据激励对象的表现，给他一种权利：当激励对象交了一定的订金之后，他可以在未来（也许3～5年后）行权窗口期，以今天优惠的价格（甚至比当下更优惠的价格）购买到时的股票，假设公司给到的购买行权价为1元／股，但是3～5年后有可能变成3～5元／股，于是拥有购买期权权力的激励对象就每股赚了2～4元。

对激励对象而言，期权模式的典型特点：无分红＋首次公开募股（以下简称"IPO"）后才能变现，属于典型的"没有现在＋疯狂未来模式"，但是如果企业一旦不能实现IPO，疯狂未来的美梦就会变为泡影，期权瞬间就会变成一张白纸，所以期权模式具有很大的不确定性。而中国的激励对象一般相对比较现实，除非自己的公司有极大的IPO可能性，或者已经IPO，否则大部分的激励对象对期权的认可度和接受度都不会很高。

我们也可以这样理解，企业要做期权激励，一般而言至少满足以下条件中的两条。

第一条，公司有明确的IPO计划，四板三板都不算。

第二条，在团队看来，公司IPO的可能性非常大——至少有专业投资机构投资过。

第三条，公司已经IPO。

一般来说，我们看到的采用期权激励模式的大部分企业已经上市了。在互联网企业发展早期，因为没有利润或者大量亏损，都是靠一个IPO的愿景和梦想，支撑员工放弃现在的利益，而紧紧团结在资本市场的远期利益下。

京东曾经连续亏损 10 多年，并且完全没有任何分红，但京东凭着一轮又一轮资本的疯狂投入，在企业 IPO 的巨大愿景的刺激下，其具有足够想象空间的期权激励，使京东团结了一大部分精英人士，他们全力以赴地投入工作中，为京东以后的崛起做出了很大的贡献！

实际上，不只是京东，其实早期的阿里巴巴、小米、百度、新浪、奇虎 360 等典型的互联网公司大部分采用的也是期权激励的模式。

因为期权激励有以上局限性，所以在实践过程中，非上市公司用得好的并不多。那么在我们 14 年的实践过程中，发现一种既能兼顾员工的现在，又可以让员工有疯狂未来的想象空间的激励模式，就是"期股模式"。

简单来说，**期股可以理解为"身股 + 期权"的结合体，即期股 = 身股 + 期权，身股解决眼前的短期利益——即养家糊口问题，期权解决长期利益——巨大资本套利问题。**

我在讲课中会建议中小微企业，不管最终能否上市，企业家必须规划清晰的上市路径，让团队拥有美好的想象空间，如果在过程中还能引进一两轮投资人，则公司股权价值增值的故事就能讲得更加圆满，对团队和激励对象将会是极大的鼓励。

普通的企业做清晰的上市路径规划、塑造愿景和梦想比较容易，但是要引进几轮投资人，并不是一件轻松的事情。

面对以上情况，企业家除了努力规划上市路径和愿景之外，还要在企业有所盈利的状况下，拿出一部分利润作为身股分红，让激励对象看到短期的利益，以稳定军心，这样能达到两种效果：

其一，让他们相信公司是有信用的；

其二，稳定军心，让他们安心地一起全力以赴，等到公司走进 IPO 的那一天，共享巨大的财富盛宴。

常见的股权激励模式之四：实股激励

实股激励是将激励对象和公司捆绑得最深、最紧的一种模式，我们经常拿男女生谈恋爱的过程来打比方：身股激励相当于男女双方经过一段时间的恋爱进入同居状态；而期权／期股激励就相当于两人开始谈婚论嫁，进入订婚状态；而最后的实股激励显然是正式进入婚姻的状态，领证、办喜酒缺一不可。

在同居阶段或者订婚状态，只要还没有领结婚证，双方在某种意义上都还是独立的个体，也还没有太多的财产关系，要分要合相对比较自由。因此，不管是身股激励还是期权／期股激励，如果公司和激励对象双方发现因不合适而选择不再继续，在解除合作的时候相对会简单一些。

但是，一旦进入正式的婚姻状态，如果再要分手，就一定会牵涉夫妻双方的财产分割问题、孩子抚养问题等，相对就复杂很多。因此，我们建议一般情况下，在与激励对象没有足够深入的合作及了解之前，不要轻易进入实股合作模式，因为股东之间是"结婚容易离婚难"，尤其是实股股东，"离婚"的时候也要涉及"夫妻"共同财产的分配问题。所以建议要列入实股激励的激励对象，从入职时间来讲至少 5 年以上，从职位来讲至少是中层干部以上，从能力上而言必须连续 3 年考核在优秀以上，陪公司一起走过风风雨雨，患难与共并且不断创造价值的员工才能与公司、与领导走进"婚姻的殿堂"，享受"明媒正娶"的过程，并且一旦有一天双方"分手"，也可以光明正大地要求对共同财产进行合理分配。

下面，我们用一张表来总结一下各种激励模式的优劣势，如表 4-3 所示。

表 4-3　股权激励模式的优劣势

激励工具	分红	增值	决策权	退出
实股	√	√	√	复杂
期股	√	√	×	较复杂
期权	×	√	×	简单
身股	√	×	×	简单
增值权	×	√	×	简单

超额激励案例

1. 企业背景

某纺织公司是国内一家著名的民营纺织企业，为国外多家国际高端家用纺织品公司提供家纺产品。该公司作为中国国际家居界与西方高档家居界的桥梁和纽带，定位于国际高端家居品牌，不断为众多国外一流品牌家纺企业提供产品，产品涉及家居、家饰等领域。

公司主要的客户群分布在欧美国家，目前开始开发国内市场，如表4-4所示。

表4-4　公司前几年的经营状况（单位：万元）

年度	销售额	利润	销售额增长率	利润增长率	备注
2011	7333	780	17.6%	25.8%	
2012	9667	950	31.8%	21.8%	
2013	13000	1280	34.5%	34.7%	

公司董事及核心管理团队，如表4-5所示。

表4-5　公司董事及核心管理团队

No.	姓名	职务	简介	成员性质
1	甘××	董事长／总裁	公司创始人及投资人，占股58%	股东
2	李××	董事／副总裁	公司创始人，占股12%	股东
3	王××	董事／中东公司总经理	公司创始人，占股8%	股东

续表

No.	姓名	职务	简介	成员性质
4	尤××	董事/运营中心总经理	公司投资人，占股22%	股东
5	刘××	设计中心总经理	职业经理人，2006年6月加入	核心管理团队
6	陈××	供应中心总经理	职业经理人，2008年8月加入	核心管理团队
7	关××	财务部副总经理	公司创业元老	核心管理团队
8	赵××	人力资源总监	2010年加入公司	核心管理团队
9	黄××	家纺公司总经理	2006年2月加入公司，2010年负责家纺公司	核心管理团队
10	林××	布艺公司总经理	2005年10月加入，2010年负责布艺公司	核心管理团队
11	邓××	设计公司经理	2011年从设计中心调入设计公司	核心管理团队

2. 需求与现状

这几年受到欧美经济环境的影响，外贸单的业绩一直没有增长，并开始下滑。为了提升公司业绩，弥补外贸业务下滑的影响，公司从2010年开始开拓国内市场。根据公司战略发展要求，董事会决定重新成立新的产品公司专门针对国内市场，分别是布艺公司与家纺公司，并从原来的核心管理层调派得力骨干负责新公司的运作。

虽然公司规划了未来的愿景让员工看到公司发展的希望，但目前内部管理也面临一些问题与挑战。例如，公司战略大方向明确，但目标制定和执行体系缺失，公司缺乏很好的吸引、培养、激励、留人的机制，团队执行力不强，员工流动性较大；公司管理制度的变动性较大，缺乏合理制定和实施的机制，为员工的执行增加了难度。问题的根源是激励问题，公司目前实施的薪酬体系比较久，很多员工是谈判薪酬，加薪和晋升都是企业家说了算，没有科学合理并具有激励性的薪酬系统。为此，公司改变激励机制势在必行。

根据目前的状况，我们建议导入股权激励机制、建立员工职业晋升通道、变革目前的薪酬体系。针对股权激励机制导入超额分红激励以激发员工的积极性和潜力，提升公司业绩；导入在职分红，留住现有的核心管理层。

3. 激励对象

根据目前存在的问题，需提高公司的销售业绩，加快公司业务发展，提高员工的积极性。激励的重点是对业务部和新的业务版块加大激励力度，特别是新的业务版块。同时，对产品设计有重要作用的设计部门也应加入激励范围。由于原业务与新业务的基础不一样，所以对他们的激励额度也有所不同。

第一步：定激励对象

激励对象分为总部核心管理者与分公司—子公司主要负责人及业务团队。

4. 激励额度目标设定

公司业绩目标与利润目标的设定依据：

从外部考虑，包括高于行业平均水平、高于区域平均水平或高于、等于、低于区域主要竞争对手，如有政策性利好和利空，需要重新调整目标。从内部考虑，包括持平或略高于过去 3 年增长率、重大投资和重大损失，需重新调整目标，如表 4-6 所示。

表 4-6　公司业绩目标与利润目标的内外部考量

内部考量			外部考量		
因素	数据	策略	因素	数据	策略
3 年销售平均增长率	28%	高于	行业增长	18%	高于
3 年利润平均增长率	27.3%	高于	区域发展	25%	高于
			竞争对手	28%	高于

从公平性角度考虑，包括保持稳定，一次设 3 年，不得鞭打快马，除内外部的重大利好和利空外，不得调整目标额度。

第二步：定企业、部门目标

企业、部门目标的确定，参考表 4-7。

表 4-7   公司总体目标设定（万元）

年度	销售额	目标利润	销售额增长率	利润增长率	备注
2018 年	18000	1700	38%	32.8%	
2019 年	25000	2280	39%	34.1%	
2020 年	35000	3100	40%	36.0%	

销售额目标分解（万元）

年度	中东子公司	家纺公司	布艺公司	设计公司	备注
2018	8000	5000	3000	2000	18000
2019	11000	7000	4000	3000	25000
2020	15000	10000	5600	4400	35000

利润目标分解（万元）

年度	中东子公司	家纺公司	布艺公司	设计公司	备注
2018	700	500	300	200	1700
2019	920	660	400	300	2280
2020	1200	900	600	400	3100

第三步：定激励额度

5. 激励额度

总部超额分红比例，如表 4-8 所示。

表 4-8   总部超额分红比例

超额比例目标	100% ～ 125%	126% ～ 150%	151% 以上
激励的比例	40%	50%	60%

销售公司超额分红比例，如表 4-9 所示。

表 4-9　销售公司超额分红比例

超额比例目标	100%～125%	126%～150%	151%以上
激励的比例	40%	50%	60%

第四步：定激励数量

总部激励奖金在核心团队中的分配比例，如表 4-10 所示。

表 4-10　总部激励奖金在核心团队中的分配比例

人员	甘××	李××	尤××	刘××	陈××	关××	赵××	其他经理
职位	总裁	副总裁	总经理	总经理	总经理	副总经理	总监	
激励比例	30%	15%	13%	12%	10%	5%	5%	10%

各分公司和子公司激励奖金在核心团队中的分配比例，如表 4-11、表 4-12、表 4-13、表 4-14 所示。

表 4-11　中东子公司

人员	王××	×××	××	其他经理	优秀业务员
职位	总经理	副总经理	总监 2 名	3 名	3 名
激励比例	40%	20%	20%	15%	5%

表 4-12　家纺公司

人员	黄××	×××	××	其他经理	优秀业务员
职位	总经理	副总经理	总监 2 名	3 名	3 名
激励比例	40%	20%	20%	15%	5%

表 4-13　布艺公司

人员	林××	×××	××	其他经理	优秀业务员
职位	总经理	副总经理	总监 2 名	3 名	3 名
激励比例	40%	20%	20%	15%	5%

表4-14　设计公司

人员	邓××	×××	××	其他经理	优秀业务员
职位	总经理	副总经理	总监2名	3名	3名
激励比例	40%	20%	20%	15%	5%

第五步：定行权条件

6. 考核说明

各激励对象根据所在公司的目标进行考核，销售额目标和利润目标都要完成才能实施超额分红激励计划，任何一个指标未达标都不能实施。

第六步：定支付条件

7. 支付条件

支付方式按2：3：5原则递延支付，如表4-15所示。

表4-15　支付方式按2:3:5原则递延支付

递延支付	第一年收入	第二年收入	第三年收入	第四年收入	……
第一年配比	20%	30%	50%		
第二年配比		20%	30%	50%	
第三年配比			20%	30%	50%
……				20%	30%

超额分红，分红支付方式按2：3：5原则递延支付。

若超额比例在20%以内或超额奖金低于10万元时，则该超额分红奖金当年一次性发放。

超额比例在20%以上或大于10万元时，则采用5:3:2原则递延支付。

分红在每年1月30日发放，公司代扣代缴个人所得税。

中间因个人原因离开公司者，原则上视为其自动放弃剩余分红，公司也可以开设专门账号专项管理此项奖金，如用于未来购买公司股份等。

第七步：定退出机制

8.退出机制

提示：在方案有效期内，凡发生以下事由（包括但不限于），自情况核实之日起即丧失超额分红资格、考核资格、取消剩余分红，情节严重的，公司依法追究其赔偿责任并有权根据公司规章制度给予相应处罚，相应处罚包括但不限于停止参与公司一切激励计划、取消职位资格甚至除名。构成犯罪的，移送司法机关追究刑事责任。

（1）因不能胜任工作岗位、违背职业道德、失职渎职等行为严重损害公司利益或声誉而导致的降职。

（2）公司有足够的证据证明激励对象存在严重失职、索贿、受贿、贪污盗窃、侵占公司财产、泄露公司经营和技术秘密、损害公司声誉或利益等情形而对其予以停职或开除的。

（3）开设相同或相近的业务公司。

（4）伤残、丧失行为能力、死亡。

（5）违反公司章程、公司管理制度、保密制度等其他行为。

（6）违反国家法律法规并被刑事处罚的其他行为。

（7）其他行为。

🎯 五步连环股权激励法

作为企业留住人才、激励人才、吸引人才的重要手段，股权激励在现代企业中得到了越来越多的应用。华为、阿里巴巴、联想等成功企业，都是合理、有效地运用股权激励方式，使企业快速发展的。但我认为股权激励到底能不能助力企业二次腾飞，关键还是看企业推行的效果。我们在实操股权激励项目的过程中，发现了五步连环激励法。

第一步：定股

公司在开展股权激励前，应先把公司整体的战略目标定好，接着确认激励目的，最终确定到底采用哪些股权激励的形式达到激励效果。

股权激励的模式上文已经详细分析过，主要有超额激励、身股激励、期权激励、期股激励及实股激励 5 种类型。在实务操作中，一般而言，股权激励不会只用其中的一种形式，而是这 5 种股权模式综合和交叉使用。

由于上市公司有严格的模式要求，需要针对上市公司的股权激励方案强调模式。非上市中小企业在模式方面的自由度大，所以可以按照公司的实际状况量身定制适合自身的模式。

一般情况下，股权激励的模式组成要素有 4 项，如表 4-16 所示。

表 4-16　股权激励的模式组成要素

股权形式	实股、虚拟股、先虚后实
来源形式	大股东转让、增资扩股、小股东转让

回报形式	上市交易、增值卖出、增值持有、分红
出资形式	赠送、一次付清、分红偿还、公司或大股东借款

第二步：定人

当股权模式定下来之后，下一步我们就要确定哪些人可以成为公司的股权激励对象。一般而言，我们不建议一次性将所有激励对象纳入激励范畴，而是分批、分次地进行股权激励。

第一批：核心层。

第二批：中坚层。

第三批：骨干层＋苗子层。

确定哪些人能成为激励对象，一般要设计以下几种入选标准：

（1）岗位层级；

（2）工龄年限；

（3）前几年的考核得分；

（4）岗位类型。

我们根据不同的行业和企业形态，简单归纳一下不同类型企业的激励对象如何选择。基本的评价原则是特定对象对公司未来发展的重要程度（也就是员工对企业贡献的大小），具体的参考因素分两大类：一是企业本身，二是激励对象。不同特点的公司对激励对象的倾向性也不一样，如图4-4所示。

企业在激励对象方面，还要主要考察培养的周期、成本、可替代性等员工能力因素，同时还要结合员工的职位、工龄、业绩等历史贡献因素来选择，具体如图4-5所示。

第三步：定时

股权激励要安排好时间规划，在股权激励过程中有有效期、考核期和禁售期3个重要的时间段。

图 4-4　企业股权激励的参考对象

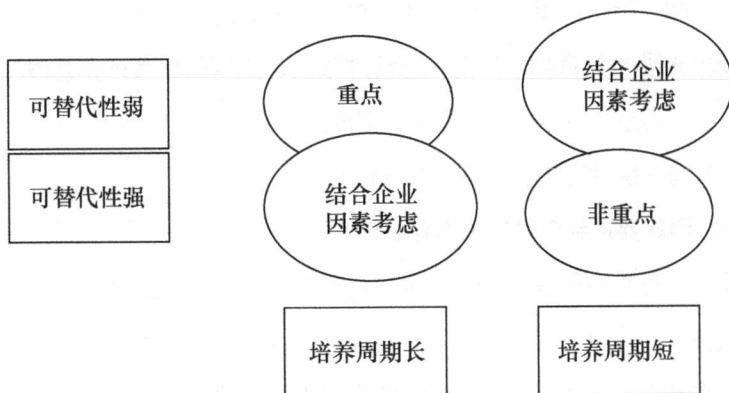

图 4-5　企业股权激励的参考因素

　　对公司来说，股权激励最重要的是把握时机，如果能在好的时机推出好的股权激励计划，会给公司带来额外的效果。例如，公司在股权融资前实施股权激励，会快速提升公司业绩、优化股权结构、提升治理水平，以提高融资估值；若在公司并购重组时，利用股权激励能快速融合新老团队；而在公司转型或遭遇发展瓶颈时，股权激励的实施同样能让团队重振信心、团结一心，谋求出路。

公司一旦有了明确的目标，就要安排好时间来实现这个目标，或规划几个时间段分步实现大目标，这需要公司制定股权激励的有效期、考核期和禁售期。

我需要提醒大家的是，股权激励的有效期要与完成公司战略目标所需的时间基本一致，通常在 3 ~ 5 年，太长了容易让激励对象望而生畏，太短可能导致激励对象产生短视行为；考核期是指业绩考核周期的长度，主要是一年作为一个考核期，以考核期内的业绩指标完成情况作为当期股权激励的授予依据；禁售期是指公司所激励的对象，对其取得的股权激励权益的处置权的冻结期限，禁售期与有效期的时长成正比，处置权包括转让、用于担保和偿债等，目的是让激励对象与公司的利益紧密地捆绑在一起。

第四步：定量

众所周知，股权激励的数量分为总量和个量，总量等于个量之和。非上市公司在股权激励的总量和个量上没有特殊限制，主要的参考依据是股权对应的价值能够起到明显的激励作用，然后再倒推出相应的股权比例。

核算激励总量时可以从以下 3 个方面进行。

一是：测算要达到激励效果需要的现金

激励效果需要的现金，通俗来讲就是测算激励对象承担特定业绩指标的心理预期收益，并确定个量的基准数。心理预期收益和该对象原有的薪资水平高低、历史贡献大小、承担未来业绩指标的高低、受股权激励约束年限的长短、在市场上的抢手度等呈正比关系，即原有薪资水平高、历史贡献大、承担的未来业绩指标高、约束年限长、属于紧缺人才的激励对象应获得更多的股权激励数量。

二是：测算公司达成整体战略目标后的估值

公司的整体估值在后文的"定价"中会详细论述，此处暂且不讲。

三是：算出激励总股比

即算出应该拿出多少比例的股权，才能达到规划中的激励效果。具体计算公式：

激励总股比 = $\dfrac{\text{激励现金价值}}{\text{公司估值}}$

B 公司预计 3 年后达成战略目标，估值 10 亿元，现运用股权激励对一位高级技术人员进行激励，其承担 3 年完成新技术开发的业绩指标，新技术的估值约 5000 万元，该对象作为技术负责人，做出的贡献约占 50%，可以预计该对象的心理预期收益应在 2500 万元左右。因公司选择以免费赠予的方式授其实股，按照收益倒算法，该对象约能获得 2.5% 左右的股权，考虑到届时公司有上市可能（上市后市值至少 30 亿元），双方协商后，将其股权激励比调整成 2%。

以上讲的是如何确定激励总量，总量确定以后，还要确定每个激励对象应该拿到的个量。具体如何计算个量，我们在之前的超额激励法的个量计算法中已经详细论述过，逻辑和原理是一样的，这里不再赘述。

只是还是要重点提醒三点。

第一点，确定个量实得额度

个人实得额度的确定还是要遵循"先岗后人"的原则，即先确定的是岗位的激励个量，最后再根据激励对象在该岗位的考核结果决定其个人最后拿到的激励数量。

第二点，业绩指标的考核

由于股权激励是一种促进公司长久地提升业绩的主要手段，所以公司要围绕整体战略目标为激励对象设置合理的业绩指标。当所激励的对象没有完成或没有全面完成预设的业绩指标时，当期股权激励要取消或打折扣（如尚未授予的股权将被取消或减少，已授予的股权也可能被公司强制回购），能够带给激励对象压力，从而激励其自主自发地为了达成业绩指标全力以赴地为公司工作。

公司给激励对象设定的业绩指标，最好采用从高到低的方法确定，并制定配套的量化考核标准。与此同时，公司还要在行业特点、过往业绩的基础上结合行业平均水平制定公司整体业绩指标。公司整体指标确定后，分解到各个部门形成部门业绩指标，这时再根据激励对象个人岗位职责和能力制定激励对象个人的业绩指标，然后一层层地加以落实，在达成个人指标的同时，公司整体目标也会实现。

业绩指标对目标的真实反映能力是设定指标的关键，指标如不能有助于目标的实现，会导致股权激励的效果大打折扣。一般来说，图4-6提到的指标是公司常使用的。

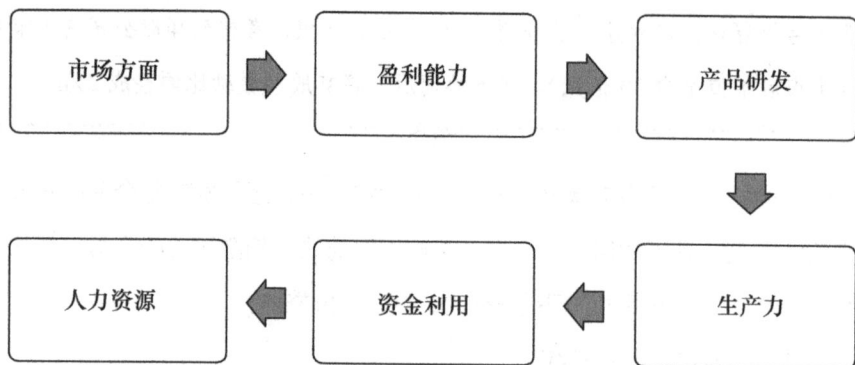

图 4-6　企业业绩的指标考核

（1）市场方面是指主营业务收入增长率、市场占有率等。

（2）盈利能力指净利率、毛利率或净利润的净增长或增长率等。

（3）产品研发指产品开发投入、开发周期、产品销售额等。

（4）生产力指投入产出比率或单位产品成本、人均生产量、存货周转等。

（5）资金利用指现金流量、流动资本量、应收周转率等。

（6）人力资源指缺勤率、迟到率、流动率、培训次数等。

一般来说，非上市公司没有薪酬与考核委员会，但要设立股权激励考核委员会作为股权激励的专门考核机构，考核机构由大股东、执行董事、总经理、监事和外面专家等成员组成，指导公司人力资源部、财务部等部门负责收集相关数据，指导人力资源部开展具体业绩考核工作。由公司保存考核结果并据此确定被激励对象的股权授予、行权或解锁数量。

第三点，要考核的绝不只有业绩

很多企业的考核仅仅限于业绩，这种模式极易在公司形成"得业绩者得天下"的"功高震主"状况，一旦业绩卓越者有二心或与创始人"政见不和"，极易造成以其强大的业绩号召力振臂一呼应者云集的情况出现，从而产生"诸侯割据"甚至独立门户或"叛变投敌"的巨大风险。

因此，除了业绩考核之外，价值观考核、团队建设考核、品德素养考核等都应该是考核项目的备选项之一，因为公司最终要的团队不仅是"专"还要"红"，又红又专才是值得公司激励的对象。

具体的考核方式，上文在"超额激励"版块已经论述过了，此处不再论述。

第五步：定价

定价包含两个环节，第一是定公司估值，第二是定公司的股价及股价计算方式。

先来看如何确定公司的估值，公司估值的计算方式一般是实现战略目标，那么届时公司价值多少？此处介绍几种常用的估值方法。

（1）市盈率估值法（PE 法）

合理市值＝年净利润 × 合理市盈率

合理市盈率可参照行业平均水平，结合公司届时的行业排名和技术优势情况等来估计；年净利润则需估计公司届时的净利润情况。

（2）市销率估值法（PS 法）

盈利不稳定的公司或零售类公司，还可以用市销率法。

合理市值＝年销售额 × 合理市销率

合理市销率参照行业平均水平，年销售额则需估计公司届时的业绩情况。

（3）市净率估值法（PB 法）

净资产易变现的公司，也可以采用市净率法。

合理市值＝净资产 × 合理市现率

合理市现率参照行业平均水平，净资产则需估计公司届时情况。

（4）市值倒推法

有可能上市的公司或新三板挂牌的中小企业，还可以采用市值倒推法。

估值＝ 上市（挂牌）后市值
**　　　 预期增值倍数**

如果找不到可比性较强的上市或挂牌，还可以考虑重置成本法，即重新组建团队、开展业务再造一个类似的公司所需的投资额，此法需要考虑时间价值和所需的投入。

公司价值确定后，我们还要确定的是公司当前股价，以及未来的股价计算方式。

公司股价的计算方式一般如下：

股价 = 公司估值
**　　　 总股本**

公司估值按照某种方式算出来，一般而言是定量，但总股本是变量，可以根据实际需要拆分，可以拆成 10 股，也可以拆成 100 股，还可以拆成 1000 股、10000 股，当然也可以拆成 1000 万股、1 亿股。

很多企业家喜欢把公司的总股本拆成 100 股，那么如果公司估值为 550 万元的话，也就是每股 5.5 万元。

但从专业及未来股权激励和资本运作的角度而言，我们不太建议将公司总股本只拆分成 100 股：第一，从认知的角度而言，5.5 万元／股或者 6.8 万元／股，从激励对象认知的角度，他会觉得他的原始股价较高，而且感觉已经有了很大溢价，心理感觉不好；第二，从激励感觉而言，如果公司只拆分成 100 股，最后激励对象拿到手的股权只有 1 股或 2 股，他会觉得一点儿价值都没有。

鉴于以上两种考虑，我们建议，公司总股本的拆分尽量按照 1 元／股的价格设定原始价，怎么做到呢？例如，公司估值为 550 万元，我们就把公司的总股本设计为 550 万股，这样公司的原始股价就是 1 元 / 股了。而且这样设置还有一个好处，550 万股的 1% 是 55000 股，这个比 100 股的 1% 只有 1 股要好听，也让激励对象更有面子，对家人也更好解释。

有人说："包老师，如果要让激励对象感觉好，我能否把总股本拆分得更细一些，如拆成 5500 万股？"答案是当然可以，只不过这样一来你的原始股价就不是 1 元 / 股，而是 0.1 元 / 股了。

总结：建议一般的企业在做股权激励时，前期将公司原始股价设定为 1 元 / 股最为妥当，方便记忆也方便操作。

当原始股价确定之后，我们还需要明确一项任务：公司股价的计算方式。

为何要确定公司股价的计算方式呢？因为一方面，非上市公司的股价确定与上市公司的股价确定有很大的不一样，上市公司股价有二级市场的价格做参考，所以不用计算；但是非上市公司没有资本市场的价格做参考，因此相对而言，股价的确定方式要困难许多。另一方面，在期权、期股、实股激励的过程中，都会涉及股价增值收益部分，所以在股权激励之前，明确公司股价的计算方法就是非常重要的一个环节，因为只有这样才能明确激励对象在股价增值版块的具体收益。

公司股价的增值方法一般与公司近年的战略发展目标是紧紧相关的，而每家公司的战略目标是不一样的，我们假设一家公司 3 年内的重点战略目标为以下 3 个：

（1）销售额增长率；

（2）净利润增长率；

（3）净资产增长率。

需要说明一下，不是每家公司都需要设定 3 个战略目标，可以是 2 个也可以是 4 个、5 个，更不是每家企业都要以销售额增长率、净利润增长率、净资产增长率作为战略目标，可以是市场占有率、门店开店数量、客户增长率等。

我们还是以上面假设的这家公司作为说明，经过董事会研讨，股东会批准，决定将公司股价增长因素及相应权重设置如下：

（1）销售额增长率，权重40%；

（2）净利润增长率，权重30%；

（3）净资产增长率，权重30%。

公司股价＝上年股价×（销售额增长率×40%＋利润增长率×30%＋净资产增长率×30%＋1），这就是一家非上市公司的股价计算方式。

以上就是五步连环股权激励法中的五步：定股、定人、定时、定量、定价。

当然，一个完整的股权激励，还要包含股权布局、退出规则等，上文已经详细介绍过，这里不再介绍。

第五章

企业股权激励系统——底层系统之锁定系统

为何要锁定与如何锁定

股权激励从总体来讲，无非就是 3 个版块，如图 5-1 所示。

第一版块	第二版块	第三版块
· 吸引系统	· 激发系统	· 锁定系统

图 5-1　股权激励系统的 3 个版块

没有好的吸引系统，人才进不来，一堆庸才做企业，结果当然好不到哪里去。

没有好的激发系统，人才进来了，没有好的机制和收入就会动力不足，很容易流失。

没有好的锁定系统，优秀人才很容易被挖走或自主创业，与公司竞争，损失巨大。

关于吸引系统和激发系统，我们已经讲得不少了，下面来讲下锁定系统。

我们先来看看，在很多中小民营企业中的普遍现象。

在大量的公司里，每年吃年夜饭时，发现人员的流动比较大，可能去年吃年夜饭有 200 人，今年吃年夜饭就变成 150 人、160 人了，大部分企业家是怎么解决这个问题的呢？那就是把人力资源部的经理批评一通：怎么流失这么多人？

这个时候人力资源部的经理会想办法，以后发放年终奖就不是年前一次性发完，而是年前吃年夜饭时发一半，年后再发一半，这之后情况好一点儿，但还是会有很多人流失。

怎么办呢？继续往后延，把另外一半的年终奖放到第一季度末，也就是3月底再发。这样一来，可能也就延迟了一个多月、两个月，会降低流失率，但这样其实也不保险。有的会把上一年的年终奖放到第二季度末发，这样人心就不那么松动了，效果也会好一些。

从原理上来说，这叫治标不治本，很难完全解决员工流失的问题。那么股权激励和常规激励的重要的差别在哪里呢？

很简单，就在这个锁定系统里面，常规的激励包括薪资激励、奖金激励、福利激励等激励方式，这些激励方式往往都是一次性的，很难起到锁定的作用。

这些核心人才表面上看起来是公司的人，但公司管不了他们。打个比方，他们就像公司放在天上的一只风筝，表面上看起来是公司的人，但实际上这只风筝的线没有在企业家的手里，风筝想飞多高就飞多高。

公司要想把员工牢牢地锁定在公司，就要有一个机制，这个机制是让他们离开后，会承受很大的物质上的损失，只有这样，他们才能留在这个地方。

我们在上文提到一个房地产中介店长因为股权激励想跳槽但不舍得跳的案例，从中可以看出股权激励在留住核心人才时的威力。当然，这家地产中介公司的领导非常有先见之明，在公司发展很红火的时候，早早就请了顾问团队做股权激励，然后在公司发展遇到瓶颈的时候，股权激励就发挥了巨大威力。

用企业的"金手铐"锁定核心人才

我们再看晋商中的票号，票号的人才流动率非常低，那么它是怎样做到的呢？下面我们分析一下票号的机制。

在清朝，晋商的票号开创了中国金融业的先河，它首创了身股机制。

第一个锁定机制是掌柜和伙计平时的工钱只够养家，他们的重要收入是4年一次的分红。一个掌柜的分红能达到4年工钱的十倍还要多，但如果在4年里只要他离开了票号，那么分红就没有了。

票号还有一个更厉害的锁定机制，一旦在这个票号干满28年，就可以退休了，退休以后按照退休后的身股领退休金，直到去世为止。但是有一个要求，就是在28年里，一天都没有离开过这个票号。

票号还有更高的一个锁定机制，如果能在票号做到掌柜以上的级别，不仅退休以后可以享受退休前的身股分红，而且在去世后，他的老婆和孩子还能继续享受8年的分红。前提是必须在这个票号干满28年。

晋商的票号正是因为有这种连续三重的锁定机制，所以在历史上无论是掌柜还是伙计，流动都非常少。

当然，我们也要看到在设计股权激励机制时，有两个要点是要注意的。

其一，要让对方走的时候有损失，而且这个损失越大，他就越舍不得走。

其二，这个锁定机制的"金手铐"，尽量在公司欣欣向荣的时候戴上去。因

为只有在公司欣欣向荣之时，大家才更心甘情愿地戴上这副"金手铐"，等到公司不景气时就会水到渠成地发挥作用，千万不要等到公司每况愈下、人才作鸟兽散时再想着戴"手铐"，毫无疑问是不管用的。

从古到今，如何用福利留住人才，对企业来说，一直是一个很大的困扰。纵观那些优秀的企业和公司，其留住人才的方法就是用股权锁定人才。

早在 2014 年，中信银行为了留住核心人才，开始对高管薪酬中的绩效奖金实行"5113"延期支付方案。

所谓"5113"延期支付方案，就是指当年只支付高管绩效奖金的 50%，第二年和第三年分别支付 10%，剩余的 30% 在第四年才支付。

中信银行这样做的目的是防止高管在任期内为了短期的业绩而不顾风险。因为银行的风险暴露有一定的期限，目的就是防止成绩都在这届高管手中，风险却留给下一任来处理。

银监会规定，如在规定期限内银行业高管和相关员工职责内的风险损失超常暴露，商业银行有权把相应期限内已经发放的绩效薪酬全部追回，并停止支付所有未支付的部分。这条规定同样适用于离职人员。如此一来，中信银行等于用高管薪酬中的绩效奖金锁住了核心人才。

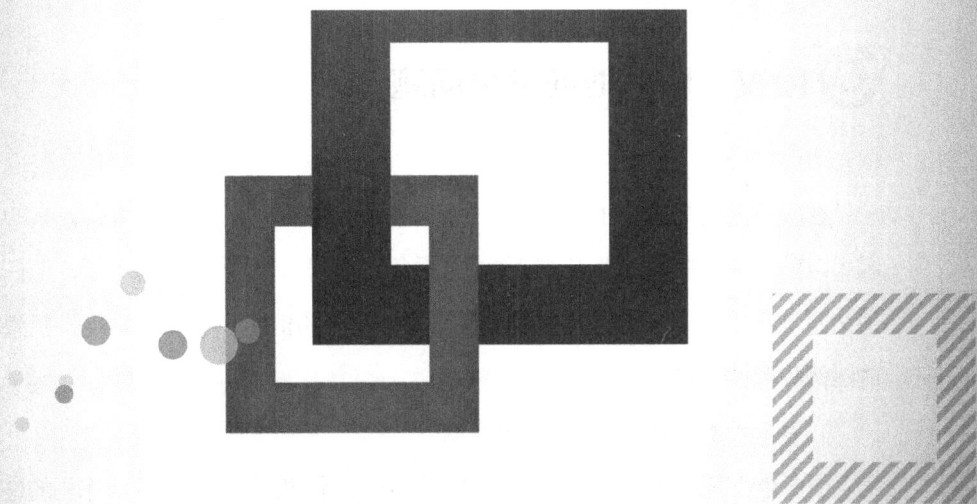

第六章

企业股权激励系统——股权激励之落地系统

股权激励落地的常见问题

在股权激励的实行上，很多企业家会交流股权激励中遇到的难题，有的说因为以前不懂股权，把股权激励做成了股权"激怒"，让员工抱怨不断，他们的情绪也低落不已……之所以出现这种现象，是因为他们不懂如何确定股权激励的比例和考核机制。

1. 激励对象直接持股还是间接持股

很多企业家在没有经过专业学习或指导下，直接做了股权激励，且采用的是直接持股而非间接持股的方式，从激励效果而言可能当时有一定作用，但从长远角度而言容易留下很大的"地雷"，这个"地雷"是什么呢？就是激励对象的直接持股方式。

我在长期的股权辅导实践中，发现很多企业犯过类似的错误，常见的企业类型往往是国企、集体企业改制过来的民营企业。当初改制时，领导层对股权完全不懂，只知道大家一起把国家股或集体股集资买过来即可，因此就出现了很多员工股东，结果时间长了就发现了问题。

这个问题就是，当一家公司有 3 ~ 40 位，甚至更多的实名股东后，对公司的决策将会形成巨大的影响，因为公司核心领导层的决策很难完全避免各位股东之间的利益冲突，势必影响到决策，使决策难以进行下去。

《公司法》明文规定，公司重大决策是需要全体股东签字的，公司这么多股东，有一个股东不同意，决策就可能被筛掉。试想公司领导层站在公司整体角度的某些决策，万一与个别股东的个人利益有所冲突，这样的决策如何能让他们签字呢？更严重的是，一旦个别股东与公司领导层形成心理上的"对峙"，未来任何重大决策都有可能因为"签字不利"而不能顺利落地。

此类事情，在我们10多年的服务过程中并不少见。

我们曾经服务过一家国内公司的子公司，这家公司实力很强，在全国排进民企前十强。

这家子公司想要独立上市，在上市之前，找到我们做上市前的相关事宜辅导。

在竞调时，我们发现，公司当年在改制过程中遗留的历史问题，即直接写入章程和股东名册的员工股东很多，虽然没有人反对公司上市，但是有一个严重问题解决不了，就是找不到其中两个股东。

该公司在上海相当有实力，但依然找不到这两个人，他们又到两个股东曾经任职的学校去找，结果是虽然找到了，但已经是半年以后的事情了。

原来，这两个股东早已移民到国外了，等到联系上回到国内签字，然后上市通过，这期间延误了半年多时间，该公司原本能够按照21元/股发行1800万股流通股，最后只能按照18元/股发行流通股，少融资了5400万元。其领导人是国内顶级的企业家之一，他很后悔，当时就规定，以后员工激励再也不能直接持股了。

还有一个我在"股权激励实操方案班"中收集到的一位学员的例子。

这位学员的企业股改时没有请专业的团队帮他操办，导致股改时有三十多位激励对象直接持股。最终，企业的决策就变得更麻烦了，因为所有重要事项都要经这三十多位股东签字同意，尤其现在公司准备冲刺IPO，需要股东会决策的事情很多。不仅如此，在经营过程中，企业家还与部分股东有些意见和利益冲突，雪上加霜，公司的很多决策根本无法实施落地。

我针对这类情况，有两大建议。

一是激励对象持股，尽可能采用间接持股，通俗地说就是要通过员工持股平台进行持股。具体操作方法如图 6-1 所示。

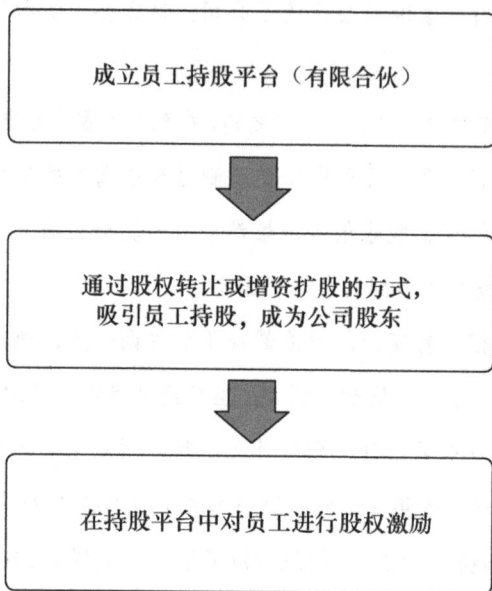

```
┌─────────────────────────────────────┐
│     成立员工持股平台（有限合伙）      │
└─────────────────────────────────────┘
                  ↓
┌─────────────────────────────────────┐
│      通过股权转让或增资扩股的方式，   │
│      吸引员工持股，成为公司股东       │
└─────────────────────────────────────┘
                  ↓
┌─────────────────────────────────────┐
│      在持股平台中对员工进行股权激励   │
└─────────────────────────────────────┘
```

图 6-1　企业激励员工的操作方法

二是持股平台的搭建，宜早不宜晚。很多企业家在早期因为不注重股权，所以没有提前布局将来要用到的员工激励平台、股东控股公司、高管激励平台等，这些工作等到股改时再做，不是说不可以，但一般成本会比较大。

不管控股公司也好，持股平台也好，其股权的来源要么是股权转让，要么是增资扩股，调整越早，交税越少；调整越晚，交税越多。很多企业因为公司增值很大，最后在成立控股公司时，税就要交几千万元。于是为了节约资金，不得不成立控股公司，但这就会为以后的公司治理埋下重大隐患。道理很简单，如果股东都是自然人持股，某些股东与外部资本串通一气，就很可能造成大股东被侵犯甚至被踢出局的状况。

2. 当激励对象与企业发生纠纷解约时，如何处理股权激励

股权激励的目的是公司激励和留住核心人才，那么当公司和激励对象发生纠纷，导致双方合作关系不能存续时，股权激励相关纠纷就会与劳动争议纠缠在一起。此时，对企业而言，股权激励到底要不要归为劳动报酬而继续履行呢？

A 公司从知名企业挖来一个 B 高管，为吸引该高管加盟，特意为其量身定制了股权激励协议，大意是鉴于 B 高管在原企业享有 300 万元左右的股票期权，并且该企业大约 3 年内就能上市，所以作为补偿 A 公司也提供同等价值的股权激励，并且约定如下：B 高管必须在 A 公司工作满 5 周年；A 公司对 B 高管的激励平均分 5 期完成授予，并出具书面函证。

两年后，A 公司发现 B 高管的工作能力始终达不到公司要求，于是向 B 高管发出了解除劳动关系通知书，B 高管要求支付工资等以及兑现股权激励，A 公司觉得 B 高管没有履行协议，所以最多只补偿工资，不能履行股权激励。

最后双方上诉至法院，法院一审认为，B 原为知名公司高管，A 公司通过多方努力才邀请到他，并许诺 B 在完成经营目标的前提下给予其与原单位同等的股权待遇，在签订劳动合同的次日签订了股权激励协议。可见，出发点是为获得 B 为 A 公司提供劳动的机会。现在 A 公司因为 B 的工作业绩不达标要求主动辞退 B，鉴于当初只约定了必须服务满 5 年，并没有约定 B 工作能力和业绩贡献的具体指标，所以在 A 公司主动辞退 B 的情况下，须兑现之前承诺的股权激励。

一审判决后，A 公司不服，向上级法院提请了二审，最终二审法院认为，案件中的股权激励协议系 A 公司为争取 B 到 A 公司工作的机会，在与 B 约定劳动合同相关事项的基础上，经平等自愿的协商，A 公司愿意提供与 B 在原单位同等价值激励给予其补偿，该协议基于 A 公司与 B 之间的劳动关系产生，与双方之间的劳动关系存在密不可分的联系，事实上可以认定为 A 公司为引进高级管理人才自愿做出的激励和补偿，应当视为 B 到 A 公司工作除基本工资外的附加报酬。而当下是 A 公司因胜任力问题主动辞退 B 的状况，在股权激励协议中只约定了 B 必须在 A 公司服务 5 年和股权激励分 5 期授予的条款，并没约定 5 年内如 B 因不能胜任工作被辞退就取消股权激励或降低股权激励额度的条款，因此在 B 未提出主动辞职的前提下，B 属于守约方，A 公司属于违约方，A 公司应兑现对 B 的股权激励。

以上案例属于典型的退出机制约定不明确的问题，如果退出机制约定明确，就很少出现此类问题，所以特别提醒广大企业家在进行股权激励时，条款里的退出机制一定要约定周密、详细而科学。

3. 股东离职后其股权是否必须按章程或合伙协议中的约定强制转让

股东在期权、期股等股权激励行权结束后，成为公司的正式激励对象，其离职后的股权转让很容易导致股权纠纷等问题，很多非上市公司在对激励对象进行股权激励时，设置了员工离职强制转让和回购的条款，但是在实务操作中，这样的约定是否有效呢？

A 公司聘请了 B 出任其技术总监，从最早的期股行权后转为公司实股，占股比例 1.8%，在进行股权激励时，也专门修改了公司章程，写入了以下条款："只有与公司有正式劳动关系者，才可以成为公司股东，和公司中止劳动关系的股东必须转让其股权；公司内部实行'股随岗变'的原则，股东离职必须将其股权转让给公司指定的人员。"

后因 B 个人原因，向 A 公司提出辞职申请，于是 A 公司做出股东会决议，同意其辞职，同时 B 将其 1.8% 的股权转让给新任技术总监，并要求其在 5 日内协助办理变更手续，但 B 予以拒绝，拒绝理由为股权是股东的合法个人财产，股权的处分权只能由股东自己行使。虽然离职不再与 A 公司有劳动关系，但这并不能决定自己把股权转给谁，以及以什么方式和价格转。

双方僵持不下，最后 A 公司把 B 告上了法院，法院的裁决：虽然 A 公司的股东均应受公司章程中"股随岗变"规定的约束，但股东对其所有的股权享有议价权和股权转让方式的决定权，在双方未就该两大事项协商一致的情况下，股权仍应属于股东 B，法院判决驳回了 A 公司的诉讼请求。A 公司不服，提起上诉。二审判决：驳回上诉，维持原判。

企业家看了这个案例后，可能会觉得，如果法院都如此判决的话，是否以后做股权激励时，公司章程里的"离职回购股权，强制转让股权"等协议就都无效了呢？如何才能达到用"离职损失"的威慑力约束激励对象离职的目的呢？

事实上这样的理解是不对的，公司章程是公司股东自治的最高规定，全体股东签字认可的章程，对所有股东都有约束效应。因此，在此案例中章程约定的"只有与公司有正式劳动关系者才可以成为公司股东，和公司中止劳动关系的股东必须转让其股权；公司内部实行'股随岗变'的原则，股东离职必须将其股权转让给公司指定的人员"。这两条关键条款对辞职的股东 B 是具有法律效力的，但为何法院又驳回 A 公司的诉讼请求呢？

原因在于章程中虽然约定了"终止劳动关系的股东必须转让股权""股东离职其股权必须转让给公司指定的人员"，但是没有详细约定股权的转让价格、期限、具体流程等，因此并不能构成一个完整的股权转让行为，在公司和股东没就股权转让价格和转让方式协商一致的情况下，股权的强制转让无法实际履行，因此法院才会驳回 A 公司的诉讼请求。

企业在实施股权激励时，应该如何操作才能避免类似的情况发生呢？必须在章程中约定明晰的退出机制，包括以下内容：

（1）**终止劳动关系必须转让股权；**

（2）**不得自己私下转让，必须转让给公司指定的人员；**

（3）**约定清晰的转让价格、期限及具体流程；**

（4）**必须先签订完整的股权转让合同，以备后用。**

一旦约定了完整的退出机制和股权转让合同，即使员工离职不配合进行股权转让，公司或其他股东也可以申请法院强制执行。

股权转让合同是股权激励退出机制的重要部分，良好的退出机制一定是以可行的股权转让合同作为前提的，股权转让合同的瑕疵会让整个退出机制失去效力。

4.股权激励时财务不便透明怎么办

在我的股权课堂上，经常遇到许多企业家问："我也想做股权激励，但是财务太透明不安全，财务不透明，员工怎么相信利润是真的？这让我很为难。"

我的一位学员给员工做了身股分红激励，然后又用自家的积蓄买了辆名车，于是员工纷纷议论企业家的车子是用公司的钱买的，也可能用了他们的分红。他对此很困惑，就问我："老师，财务不透明，股权激励到底能不能做？"

财务不透明，到底能不能做股权激励呢？

答案是可以的。

一家企业在初创期，最大的任务是活下来，因此企业家为了生存和发展，财务不太透明也是可以理解的，如果要等到公司规范后再做股权激励，恐怕没有几家公司做得了。

那到底如何解决这个问题呢？

第一，财务适度公开

完全不公开肯定是不行的，完全公开也肯定是不行的，那么就把账目公开到某个级别，如公司高管和极个别中层核心管理人员，同时规定只在会议现场交流，不能拍照、不能录音，并且参与财务交流会的人必须是公司股权激励的对象。

其他没能参与的激励对象，又如何能相信财务数据是真实的呢？

很简单，只要与他们沟通清楚即可，因为公司的财务数据是商业机密，同时公司目前处于创业阶段，没有能力请专业会计师整理账务，而且财务状况对外人公开也不太安全。此外，参与财务会议的高管和中层管理人员都是激励对象，他们一定会对公司的真实盈利状况非常关心，因为这涉及他们的切身利益。

第二，按照固定业绩比例计算利润

如果采用适当公开的模式，还是不能取得激励对象的信任，还可以大致估算公司利润与销售额的固定比例。

例如，某行业通过测算行业的利润／销售额得出大致的行业利润率，或通过往年公司的利润／销售额得出大致的公司利润率。例如，利润率为10%，如果企业计划拿出利润的20%进行分红，也就意味着激励对象应分得的利润为销售额的2%，这样企业只需每年公布当年的业绩，不需要公布具体的财务明细，员工就能自行算出用来干股分红的钱大概是多少。

但是采用销售额固定比例分红，是在员工和领导之间的信任关系尚未建立时。一般情况下，不建议采用，毕竟企业发展状况随时在变，业绩和利润的关系不能完全准确预测。

员工无非是怕领导在财务上做假，如果一年届满，开始现金分红，就会逐步产生股权激励的信任问题，解决了这个问题，即使创业初期的财务不公开，员工也一般不会有太大的异议。

方案落地

股权激励已经成为当下人力资源管理的一个热点，不但被众多的上市公司采用，一些非上市公司也开始采用。可以说，股权激励是保证员工与企业长期发展的不二法门。

起草方案是股权激励的重头戏。方案是股权激励的纲领文件，是股权激励的行动指导。股权激励方案是自上而下规划出来的，考验的是企业家的战略思维；而方案实施是自下而上地按照人性规律一步步落实到位的，考验的是企业家的操作艺术。但是，企业要想让股权激励真正落地，靠的是坚定不移的执行力和对激励对象的把握，具体操作如下。

确定起点：清楚股权激励方案的核心目的

在真正推行股权激励方案前，企业家需要考虑清楚本次股权激励的核心目的是什么，企业目前存在的主要问题是什么，股权激励方案要和问题之间很好地对接起来，这是实施股权激励方案的起点。

确定目标：设定公司和各部门目标

没有目标的股权激励和设计，很容易成为福利，那样就失去了股权激励的初衷。各位企业家在找我做股权激励方案的时候，最好有个大致的目标，如想让公司在今后的几年处于什么样的市场位置，市场占有率要达到多少。

确定方法：用什么方法进行股权激励

股权激励的方法有很多种，如现股激励、期权、干股、限制性股票、延期支付等，每种方法都有好处和弊端，我们会挑选出适合的方案，可以是一种方法，也可以是多种方法的组合。

确定时间：在什么时间做股权激励

股权激励在公司发展的任何时间段都可以使用，不管企业大小。但什么时间行权，什么时间评估，什么时间分红，是需要设计的。

确定对象：对哪些人进行股权激励

激励对象的选择，也是一门学问。一般来说，没有做过股权激励的企业，刚开始选择的对象范围可以小些，甚至可以内定，但是随着大家观念的提升（如一线城市的人才面试时甚至直接向企业家要股权，没有股权就不来）、玩转股权的熟练度增加，企业可以扩大范围。

确定文化与愿景：营造良好的股权文化氛围

股权激励方案是否科学的确很重要，但股权方案与激励对象见面的仪式同样不容小觑。激励效果好的企业，未必是方案设计得好，或者分的股份多，而是在于其通过股权激励的导入营造了良好的股权文化氛围。企业不仅要给合伙人或员工物质上的激励，还要给他们精神上的鼓励。告诉员工，将来有一天公司会成为什么样子。即使公司再小，也要有愿景，如果你不讲公司愿景，对员工的吸引力将很有限，很难激发员工奋斗的渴望。

确定数量：用多大的额度进行激励

企业家要拿出多少股份去激励，是有标准的。拿多了，企业家的大股东位置不保；拿少了，不能吸引被激励对象。

确定来源：增发股份是"做加法"还是"做减法"

股权的来源有大股东转让、增资扩股等，这些可以讨论和设计。要说明的是，手法越灵活越好。

确定条件：在什么条件下才能拿到股权

这就需要公司具备相对成熟的考核体系，让员工心服口服。还要制定退出规则，让大家好聚好散。

确定价格：股权是否花钱购买

一般来讲，实股是要花钱购买的，不要送，因为大家不会珍惜免费的东西。但是价格也不能太高，这也需要沟通。

确定权利：持股者拥有什么样的权利

被激励对象去工商局注册的时候，一定要与相关资深人员沟通，这可是紧要关头。

确定合同：被激励者是否要签订协议

如今是商业社会，很多人还是相信合同的，有必要签订一份双方都认可、都满意的合同。

思想落地

在很多公司的股权激励落地过程中，会出现以下几类常见困扰。

1. 激励对象对股权激励无所谓，可有可无

这种状况往往在以下两种情况下比较常见：在刚刚创业的公司或者已经进入严重衰退期的公司，前者是刚刚起步，股权价值还没有显现，后者是看不到公司的未来和希望，所以导致激励对象失去了信心；公司虽然发展状况还不错，但激励对象因为知识面的问题，不懂得股权在今天的价值。

2. 激励对象只对免费的股份感兴趣，一谈到付钱入股就没兴趣或不想参与

在企业中，一谈付钱入股就没兴趣的激励对象较普遍，主要是两个方面原因：在很多人的印象中，股权激励就是企业家给激励对象一些股份作为奖励，而现在要掏钱，打破了原来的认知习惯；虽然可能这个股权未来会有几倍甚至几十倍的增值，但是这种收益一是未来式的，二是还有不确定性，而入股款是现在就要付的，因此有心理压力。

3. 愿意入股，但是对公司的估值和入股价格有异议

造成这种现状也有两个方面的原因：激励对象一般对企业的估值和股价缺乏系统的学习和了解，所以对公司的估值和股价没有科学的认知；公司的股价一般而言与注册资本和净利润相比，都是有一定溢价的，在没有相应股权知识做基础的情况下，激励对象会觉得公司多要他们的钱。

4. 认为公司让付钱入股，是占便宜

造成这种问题的原因是激励对象缺乏对股权激励最基本的认知，在认知不一致的情况下，只会站在对他有利的角度思考问题，觉得是公司在占他便宜。

5. 对公司销售额、利润确认方式以及利润分配额度不认可

大部分激励对象没有对销售额、利润额如何确认，以及利润分配应该分配多少、预留多少这方面的认知。在他们眼里，今年收到多少钱就应该算多少销售额，至于到底是预收款还是实收款，他们不管。对利润的确定，在很多激励对象的认知中，当年的收入除了采购成本、人工成本、办公成本、营销成本外，其他都应该算作公司的利润，却不知公司还有很多固定资产需要摊销，还有资金利息需要归还等。因此在这些方面，都极易造成股东与激励对象发生矛盾，需要非常慎重。

6. 对公司激励额度和激励方式有疑义

对相同层级不同岗位的激励对象，其激励方式、激励额度都是有差异的，因此如果不详细说明，极易造成激励对象相互之间攀比和抱怨。当然相同岗位不同层级之间，在激励额度和激励方式方面也有很大的出入，因此需要有人将这种产生差异的原因详细剖析给激励对象，征得他们的理解和认可。

以上这 6 类问题都是在股权激励过程中企业家经常遇到的，这些问题的存在与股权激励方案的好坏没有太大的关系。之所以出现这类问题，原因是激励对象对股权激励知识过于缺乏，以及在股权激励实施过程中缺乏系统的落地策略。

如何解决呢？我们说在思想落地的过程中，必须遵循以下三大原则。

第一大原则：系统化原则

在股权激励落地过程中，一定要系统地规划好落地的方法、技巧、策略，第一步做什么？第二步做什么？第三步做什么？千万不能没规划，否则效果很差。

第二大原则：先思想后行动原则

对激励对象而言，股权激励对他们几乎是一门完全陌生的学科，因此他们天生是缺乏安全感的，如果没有对思想上的动员和说服，就直接行动，这样往往会因各种误解导致事倍功半，甚至变成好心办坏事。

在正式实施之前，一定要把激励对象的思想工作做到位，把他们的心理预期了解清楚，把处理可能产生负面情绪的教育和清理工作做在前面，这样就不至于在实施过程中不断冒出各种不和谐的声音。

第三大原则：第三方原则

在对激励对象普及股权激励知识的过程中，以及在与激励对象讨价还价、谈判等环节中，千万不要让公司股东或核心高管亲自与激励对象谈，因为在激励对象心中，在分股权分配这件事上，他们容易产生和领导层在利益上是对立的观念。

与其吃力不讨好，建议你不妨找一个第三方，可以是双方彼此都非常深信的朋友，也可以是一支很专业的顾问团队。

🎯 仪式落地

对大多数人来讲，股权激励是陌生的，需要仔细解释每个基本概念，所以企业可以举办培训会，这样能让激励对象清晰地了解自己可以获得的利益，真正起到激励作用；培训会对行权条件和考核要求进行说明，可以增强激励对象的信心，对获得股份具有更清晰的预期；说明会可以让激励对象明白最终获得股权的条件是什么，指引他的努力方向，与公司预期同步。

由专业的指导老师对此进行培训，一是可以解释得更为专业、清晰，二是身份较中立，公司或股东让利的部分可以讲得更客观、可信。在指导老师的见证下，企业家与股权激励对象签订股权激励协议书及确认书。股权激励实际上是激励方和激励对象达成的一种在一定条件下利益让渡的协议安排，激励的方案内容要与每位激励对象形成书面约定，才会产生约束力。有了协议，激励对象才会相信在满足条件后自己确实可以获得好处，同时在激励对象离职、违纪等情况下，公司有依据收回股份。

▲

2018 年 1 月 18 日，智百威隆重举行了首期员工股权激励签约仪式。此次签约共有 24 名具有一定服务年限，并且为企业发展做出重要贡献的中高层领导、核心骨干、优秀员工等与公司签署了股权协议，正式成为智百威股东。

▼

行业的相关资料显示，股权激励签署协议以后，一般一个季度或半年内可以进行一次预分红，年底进行正式的分红。

文件落地

以下股权激励协议是所有股权激励协议中的一小部分，仅供广大读者参考，如需更详尽的参考协议，可以申请免费参加我们的股权激励落地方案班。另外需要重点提醒的是，如果读者试图参考使用，必须经过专业顾问量身定制，如直接套用产生任何损失和不良后果，本书作者不承担任何法律和经济责任。

股权激励协议书（仅供参考）

甲方	乙方
名称：上海市×××有限公司	姓名：×××
法人：×××	身份证号码：××××××××××××××××××
地址：上海市×××大厦×××栋	身份证地址：××省××市××路××号
	××大厦××室
电话：021-××××××××	现住址：上海市××区××路××号××
	大厦×××室
传真：021-××××××××	联系电话××××××××

根据《合同法》和《××股份有限公司股权激励制度》的有关规定，本着自愿、公平、平等互利、诚实信用的原则，甲乙双方就以下有关事项达成如下协议。

1. 本协议书的前提条件

（1）乙方在_____前的职位为甲方公司_____之职。

（2）在_____至_____期间，乙方的职位为甲方公司总经理之职。

若不能同时满足以上两个条款，则本协议失效。

2. 限制性股份的考核与授予

（1）甲方的薪酬委员会按照×××公司××××年度股权激励计划中的要求对乙方进行考核，并根据考核结果授予乙方相应的限制性股份数量。

（2）如果乙方考核合格，甲方在考核结束后30天内发出限制性股份确认通知书。

（3）乙方在接到限制性股份确认通知书后30天内，按照限制性股份确认通知书规定支付定金。逾期不支付，视为乙方放弃股权确认通知书中通知的限制性股份。

3.限制性股份的权利与限制

（1）本协议的限制性股份的锁定期为5年，期间为<u>2017年1月1日至2021年12月31日</u>。

（2）乙方持有的限制性股份在锁定期间享有与注册股相同的分红权益。

（3）乙方持有限制性股份锁定期间不得转让、出售、交换、记账、质押与偿还债务。

（4）当甲方发生送红股、转增股份、配股和向新老股东增发新股等影响甲方股本的行为时，乙方所持有的限制股根据×××股份有限公司股权激励制度进行相应调整。

（5）若在锁定期内公司上市，公司将提前通知乙方行权，将乙方的限制性股份转为公司注册股。行权价格以限制性股份确认通知书中规定或董事会规定为准。

4.本协议书的终止

（1）在本合同有效期内，凡发生下列事由（包括但不限于），自情况核实之日起即丧失激励资格、考核资格、取消剩余分红，情节严重的，公司依法追究其赔偿责任并有权给予行政处分包括但不限于停止参与公司一切激励计划、取消职位资格甚至除名。构成犯罪的，移送司法机关追究刑事责任。

- 因不能胜任工作岗位、违背职业道德、失职渎职等行为严重损害公司利益或声誉而导致的降职。
- 公司有足够的证据证明乙方在任职期间，由于受贿索贿、贪污盗窃、泄露公司经营和技术秘密、损害公司声誉等行为，给公司造成损失的。
- 开设相同或相近的业务公司的。
- 自行离职或被公司辞退的。
- 伤残、丧失行为能力、死亡的。

➤ 违反公司章程、公司管理制度、保密制度等其他行为。

➤ 违反国家法律法规并被刑事处罚的其他行为。

（2）在拥有限制性股份锁定期间，无论何种原因离开公司的，甲方将无条件收回乙方的限制性股份。

5. 行权

（1）行权期

本协议中的限制性股份的行权期为<u>201×年1月1日</u>至<u>201×年1月31日</u>。

（2）行权价格

以限制性股份确认通知书中规定为准。

（3）行权权力选择

➤ 乙方若不想长期持有，公司可以回购其股份，价格根据现净资产的比例支付或协商谈判。

➤ 乙方希望长期持有，则甲方为其注册，成为公司的正式股东，享有股东的一切权利。

6. 退出机制

（1）在公司上市及风投进入前，若持股人退股

➤ 若公司亏损，被激励对象需按比例弥补亏损部分。

➤ 若公司盈利，公司原价收回。

（2）若风投进入公司后，持股人退股，公司按原价的150%收回。

（3）如上市后持股退股，由持股人送入股市进行交易。

7. 其他事项

（1）甲乙双方根据相关税务法律的有关规定承担与本协议相关的纳税义务。

（2）本协议是公司内部管理行为。甲乙双方签订协议并不意味着乙方同时获得公司对其持续雇佣的任何承诺。乙方与本公司的劳动关系，依照《劳动法》以及与公司签订的劳动合同办理。

（3）乙方未经甲方许可，不能擅自将本协议的有关内容透露给其他人。如有该现象发生，甲方有权废止本协议并收回所授予的股份。

8. 争议与法律纠纷的处理

（1）甲乙双方发生争议时

➤ ×××有限公司股权激励管理制度已涉及的内容，按照×××有限公司股权激励管理制度及相关规章制度的有关规定解决。

➤ ×××有限公司股权激励管理制度未涉及的部分，按照甲方股权激励计划及相关规章解决。

➤ 公司制度未涉及的部分，按照相关法律和公平合理的原则解决。

（2）乙方违反××××有限公司股权激励管理制度的有关约定、违反甲方关于激励计划中的规章制度或者国家法律政策，甲方有权视具体情况通知乙方，终止与乙方的激励协议而不需承担任何责任。乙方在协议书规定的有效期内的任何时候，均可通知甲方终止股权协议，但不得附任何条件。若因此给甲方造成损失，乙方应承担赔偿损失的责任。

（3）甲乙双方因履行本协议产生的或与本协议有关的所有争议，应先以友好协商方式解决，如双方无法通过协商解决，任何一方可将争议提交甲方所在地人民法院解决。

9. 本协议经甲乙双方签字盖章后生效。本协议一式两份，双方各执一份，两份具有同等法律效力。

甲方盖章：

法人代表签字：　　　　　　　　　乙方签字：

日期：＿＿＿年＿＿＿月＿＿＿日　　　　日期：＿＿＿年＿＿＿月＿＿＿日

分红股授予协议书

甲方　　　　　　　　　　　乙方

姓名：×××　　　　　　　　姓名：×××

身份证号码：×××××××××××××　身份证号码：×××××××××××××

身份证地址：×省×市×路×号　身份证地址：×省×市×路×号×楼
　　　　　×楼×室　　　　　　　　　　×室

现住址：上海市×区×路×号　现住址：上海市×区×路×号×大厦
　　　　×大厦×室　　　　　　　　　　×室

联系电话：××××××××××　联系电话：××××××××××

甲、乙双方声明：在签订本合同之前，已经仔细阅读过×××有限公司股权激励管理制度与本合同的各条款，了解其法律含义，并出于本意接受。为发展×××有限公司（以下简称"A公司"）的事业，实现员工利益与公司长远价值的和谐发展，根据×××有限公司股权激励管理制度的有关规定，双方经协商一致，达成如下协议。

1. 本协议遵循公平、公正、公开原则和有利激励、促进创新的原则。

2. 本协议不影响乙方原有的工资、奖金等薪酬福利。

3. 本协议有效期限为____年。

4. 该计划中，甲方向乙方赠予____股分红股。签约当日公司的股份总数等同于注册资本数额，即____股。

5. 乙方持有的分红股每年分红一次，分红时间为每年年报正式公布后的30个自然日内。具体的分配办法由董事会按照规定执行。

6. 乙方不得将所授予的分红股用于转让、出售、交换、背书、记账、抵押、偿还债务等。

7. 在办理工商变更登记手续以前，当发生送股、转增股份、配股、转增和增发新股等影响公司股本的行为时，董事会有权决定乙方的分红股是否按照股本变动的比例进行相应的调整。

8. 在本合同有效期内，乙方无论因何种原因退出 A 公司（"退出"包括辞职、自动离职或被公司除名、辞退、开除，劳动合同期满后未续约等）。其所获分红股自动失效。

9. 乙方同意有下列情形之一的，甲方有权无偿收回乙方获得的分红股。

（1）乙方因严重失职、渎职或因此被判定任何刑事责任的。

（2）乙方违反国家有关法律法规、公司章程规定的。

（3）公司有足够的证据证明乙方在任职期间，由于受贿索贿、贪污盗窃、泄露公司经营和技术秘密、损害公司声誉等行为，给公司造成损失的。

10. 甲乙双方根据相关税务法律的有关规定承担与本协议相关的纳税义务。

11. 本协议不影响公司根据发展需要做出资本调整、合并、分立、发行可转换债券、企业解散或破产、资产出售或购买、业务转让或吸收以及公司其他合法行为。

12. 公司准备发行股票并上市或有其他重大融资安排时，乙方同意按照相关法规的要求以及公司董事会的决定，由公司董事会对其所持有的分红股进行处理。

13. 本协议是公司内部的管理行为。甲乙双方签订协议并不意味着乙方同时获得公司对其持续雇佣的任何承诺。乙方与本公司的劳动关系，依照《劳动法》以及与公司签订的劳动合同办理。

14. 本合同是××××有限公司股权激励管理制度的附件合同。本合同未尽事宜，根据××××有限公司股权激励管理制度进行解释。

15.本协议如有未尽事宜，双方本着友好协商原则处理。对本协议的任何变更或补充需要甲乙双方另行协商一致，签署变更或补充协议书予以明确。

16.甲乙双方发生争议时，本协议和××××有限公司股权激励管理制度涉及的内容按约定解决。未涉及的部分，按照相关法律和公平合理原则解决。

17.本协议书一式两份，甲乙双方各持一份，具有同等法律效力，自双方签字盖章之日起生效。

甲方盖章：

法人代表签字：   乙方签字：

日期：＿＿年＿＿月＿＿日   日期：＿＿年＿＿月＿＿日

限制性分红协议书
（仅供参考）

甲方	乙方
名称：上海市×××有限公司	姓名：×××
法人：×××	身份证号码：××××××××××××××××××
地址：上海市××大厦××栋	身份证地址：×省×市×路×号×大厦×室
电话：021-××××××××	现住址：上海市×区×路×号×大厦×室
传真：021-××××××××	联系电话：××××××××××

甲、乙双方声明：在签订本协议之前，已经仔细阅读过本协议的各条款，了解其法律含义，并出于本意接受。为发展×××有限公司（以下简称"××公司"）的事业，实现员工利益与公司长远价值的和谐发展，双方经协商一致，达成如下协议。

1. 本协议遵循公平、公正、公开原则和有利激励、促进创新的原则。

2. 本协议不影响乙方原有的工资、奖金及薪酬福利。

3. 本协议有效期限为1年，____年____月____日起至____年____月____日止。

4. 乙方所获应激励分红股数为____股。

5. 乙方实际获得的激励分红股数由其各项考核指标的结果而决定。

6. 考核指标包括价值观、公司整体业绩、部门业绩、自律、品德、内部客户服务意识，以上6个指标同时考核，任何一个指标不达标，自动丧失激励资格，具体内容如表所示。

考核指标表

No.	考核项目	考核标准
1.	应激励额度	×股
2.	公司指标考核	公司全年销售额：×××万元 评分标准： 1）85%≤公司指标完成率，系数为1 2）70%≤公司指标完成率<85%，系数为0.7 3）公司指标完成率<70%，系数为0
3.	部门指标考核	部门业绩：×××万元 评分标准： 1）85%≤部门指标完成率，系数为1 2）70%≤部门指标完成率<85%，系数为0.7 3）部门指标完成率<70%，系数为0
4.	实际激励制度	在没有违反一票否决制的前提下等于（1）×（2）×（3）

7. 分红发放比例及时间：＿＿＿年＿＿＿月＿＿＿日前发放其应分红奖金的70%，＿＿＿年＿＿＿月＿＿＿日前发放剩余分红比例的30%。

8. 在本合同有效期内，凡发生下列事由（包括但不限于），自情况核实之日起即丧失激励资格、考核资格、取消剩余分红，情节严重的，公司依法追究其赔偿责任并有权给予行政处分，行政处分包括但不限于停止参与公司一切激励计划、取消职位资格甚至除名，构成犯罪的，移送司法机关追究刑事责任。

（1）因不能胜任工作岗位、违背职业道德、失职渎职等行为严重损害公司利益或声誉而导致的降职。

（2）公司有足够的证据证明乙方在任职期间，由于受贿索贿、贪污盗窃、泄露公司经营和技术秘密、损害公司声誉等行为，给公司造成损失的。

（3）开设相同或相近的业务公司的。

（4）自行离职或被公司辞退的。

（5）伤残、丧失行为能力、死亡的。

（6）违反公司章程、公司管理制度、保密制度等其他行为。

（7）违反国家法律法规并被刑事处罚的其他行为。

9.乙方根据相关税务法律的有关规定承担与本协议相关的纳税义务，由公司代付代缴。

10.本协议不影响公司根据发展需要做出资本调整、合并、分立、发行可转换债券、企业解散或破产、资产出售或购买、业务转让或吸收以及公司的其他合法行为。

11.公司准备发行股票并上市或有其他重大融资安排时，乙方同意按照相关法规的要求以及公司董事会的决定，由公司董事会对其所持有的分红股进行处理。

12.本协议是公司内部管理行为。甲乙双方签订协议并不意味着乙方同时获得公司对其持续雇佣的任何承诺。乙方与本公司的劳动关系，依照《劳动法》以及与公司签订的劳动合同办理。

13.本合同未尽事宜，由公司薪酬委员会进行解释。

14.本协议如有未尽事宜，双方本着友好协商原则处理。对本协议的任何变更或补充需要甲乙双方另行协商一致，签署变更或补充协议书予以明确。

15.甲乙双方发生争议时，本协议涉及的内容按约定解决。未涉及的部分，按照相关法律和公平合理原则解决。

16.本协议书一式两份，甲乙双方各持一份，具有同等法律效力，自双方签字盖章之日起生效。

甲方盖章：

法人代表签字：　　　　　　　　　　乙方签字：

日期：___年___月___日　　　　　日期：___年___月___日

第七章 ◀

**企业股权的意义和价值——
著名企业股权激励赏析**

华为股权激励赏析

华为是国内股权激励成功的公司之一，2015 年年报显示：华为投资控股有限公司是 100% 由员工持股的民营公司。股东为华为投资控股有限公司工会委员会和任正非。

2018 年 2 月 5 日，华为员工收到的通知显示，仅获得了"2017 年度虚拟受限股、每股收益约 2.83 元，虚拟受限股每股现金分红约 1.02 元"。华为没有公布是否将对股票增值、拆股。据此前多家媒体报道，华为虚拟股份数量已达 100 亿股以上，按照每股 1.02 元计算，本次华为向全体持股员工分红超过 100 亿元。

众所周知，企业发展离不开人才。华为的聪明之处就是把国内很多优秀的人聚集起来。一家企业如果拥有了非常优秀的一群人，而且他们愿意持续不断地为这家企业做贡献，那么它是无往不胜的。

华为正是通过员工持股计划，把公司的长远发展和员工的个人贡献有机地结合在一起，形成了长远的共同奋斗、分享机制。

2011 年，华为开始进入手机领域，只用了 4 年，在国内市场就成功地超越了苹果的市场份额，这足以显示出华为的实力。

华为的两个股东之一——华为投资控股有限公司工会委员会的优势非常明显。通常情况下，像华为这种规模的企业，让那么多员工直接持股是非常危险的，一个月中，哪怕有1%的股东要求查阅企业账务，华为付出的成本就会非常大，还有开股东会时股东投票、签字，更是相当烦琐。

但由于华为工会是华为的持股平台，这样一来，就使华为股权变得高度集中，这样自然避免了股权高度分散带来的灾难性伤害。华为工会让更多的员工有机会成为股权激励对象，从而享受员工、股东的双向回报。

华为没有上市，所以华为的股权激励模式是"虚股"。由于华为的员工股东不直接写入章程，与工会、公司签协议，但需要投入资金，所以员工股东的持股是不能随意转让的，但分红不受影响；员工股东的持股不能随意质押，但企业股价的增值部分收益是有的。

从以上来看，增值权＋分红权是华为股权激励采用的模式：**员工每年都能分红，但增值的部分在离职退股时才会有实际收益，在职时基本体现在数字方面。**

华为完善的任务薪酬制度，会促使员工不断提高，成为股权激励对象。例如，2010年，华为内部股票购买价格为5.42元，每股分红2.98元，收益率超过50%（历年峰值）；2013年，每股分红1.47元；2014年，每股分红1.9元。虽然员工分红不少，但拿到手的钱不多。

由于华为每年都请会计事务所对公司进行审计，发布年度报告，所以华为的内部股票是透明、公开的，再加上员工每年都有分红，大大提高了员工的工作积极性和创造力。所以，企业一定要重视对员工的激励，让员工参与到企业中来，股权激励改变了员工单一的雇员身份，让他们成为公司股东，让员工真正感觉到为自己工作。

更重要的是，华为每个实股持股员工都可以参加5年一次的股东代表选举。员工有权选举和被选举为股东代表。华为工会总共会选出51人作为代表，组成持股员工代表会，如此一来，持股员工代表会在公司内部行使了大部分股东会的职能，如审议并决策公司年度利润分配、增资等议案。

华为董事会的成员有 17 人，监事会的成员有 8 人，大部分是从持股员工代表会的 51 名代表中选出的。

华为内部持股员工深度参与公司的运营、决策，使华为的"虚股"具有了"实股"的作用。正是因为这样，华为的每个员工都觉得自己是公司的股东，感觉到自己实实在在地成为企业的所有者。当人们一旦感觉某个东西属于自己时，就会悉心照料它、保护它，并心甘情愿地将自己的心血倾注其中。

新东方股权激励赏析

新东方于 1993 年创立，2006 年在美国纽约证券交易所上市，是中国大陆第一家在美国上市的教育机构。至今，新东方市值 100 多亿美元。

新东方能够迅速发展，是因为其在公司内部实施了股权激励。激励高薪是新东方人才激励机制的核心。新东方的教师工资待遇很高，还有很多高层管理人员拥有新东方的股份，这种激励机制在国内的教育机构中是不常见的。新东方非常重视员工的薪资水平，在丰厚的薪酬刺激下，新东方的知识人才能享受到较高品质的物质生活，更好地为企业贡献自己的知识和能力，争取为企业创造更高的利润保证高薪的需求，达到了组织目标与个人目标的统一。

1. 用 10% 的代持股份，吸引了新东方的第二代管理者

在分股份的时候，俞敏洪自己分到 55%，这是大家讨论的结果，然而他拿出 10% 作为代持股份，自己拿 45%，为什么拿出 10%？因为俞敏洪知道新东方必须有后来人，要有新的管理者进入才行，这个股份就是为新的管理者留的。这 10% 相当于 1000 万股，新东方按照 1 亿股上市，这 1000 万股吸引到了新东方的第二代管理者。

2. 合理的股份增发机制，让干得多的人权利不断增加

俞敏洪每年申请期权，发给能干的人，谁干得多就发给谁，这些人就能不断地拿到新东方的股权。其实，企业一开始要设立一个股权激励机制，不是那么容易的事情。新东方在上市之前没有增发股份，因为俞敏洪预留的 10% 正好在上市之前用完了，上市以后就开放了公开的期权发放机制。

六个核桃股权激励赏析

"经常用脑，多喝六个核桃"，这句广告语堪称语言的经典，既点出了核桃能补脑，又抚慰了广大消费者的担忧之心。为此，六个核桃缔造了中国饮料史上的销售传奇。

六个核桃是河北养元智汇饮品股份有限公司的主要产品，这家公司在 2015 年的资产为 92 亿元，净利润为 26.2 亿元；2016 年营业收入 89 亿元，净利润为 27.4 亿元。它与云南白药 2016 年净利润 29 亿元接近，排在 A 股 3400 多家上市公司的 120 多位。

六个核桃的竞争对手承德露露，上市近 20 年，2016 年净利润才 4.6 亿元，是六个核桃的 17%。除此以外，六个核桃的净利润率高达 30%，第一高价股茅台净利润率在 47% 左右，蒙牛净利润率则在 5% 左右。

分析六个核桃的成功，我们会发现，其飞速成功的背后是一个"万众一心"的团队在为之贡献力量。与其他企业不同的是，六个核桃"把企业与员工，企业与经销商做深度捆绑，让他们一起与公司共同奋斗"。

早在 2010 年，六个核桃准备申请上市时，为了激励核心管理层和骨干员工，调动经销商的积极性，其开始对核心管理层、骨干员工、20 名优秀经销商共 86 人实施股权激励，向他们增发了新股。

公司增发股份的价格参照了上一年度每股净资产价格 1.18 元，并征求了老股东的意见。公司考虑到上市前后的市场情况，就由董事会提出，经股东大会决定，按 3.5 元 / 股的价格增发新股。

这次增发完成后，股东人数增加到了 132 人，公司董事长姚奎章持股 30.4%，范召林持股 14.28%，李红兵持股 14.28%，20 名经营商一共持股 1.4%，其他为另外 109 人持股。

公司的上市申请于 2011 年 4 月 19 日被证监会取消审核，原因是尚有相关事项需要进一步落实。2011 年 6 月，1 名股东退出并转让股份，公司的股东变为 131 人。

公司的股权激励让员工与公司形成了利益、事业与命运的共同体。员工从过去为企业家打工变成现在为自己创业。企业的决策从资本投票，变成了由整个合伙人进行的集体决策。

员工身份的转变，让他们从强制化管理转化为创业者的"内在动力"，使每个员工掌握了自己的命运，并让他们享有身份感和成就感，做大事业、分享成就，并对将来获得的报酬保持憧憬和动力。

六个核桃在市场竞争激烈、没有品牌优势的情况下，通过一系列的销售策略和手段，在河北省饮料行业"霸主"露露集团的打压下凝聚了集体力量，打了无数个胜仗，并在市场中占有一席之地。

虽然公司没有上市，但六个核桃的股权激励效果如此显著，证明了通过与人才合伙，发挥人才的创造力，可以增强公司的持续创新能力。

总结六个核桃的成功，得益于以下 3 点。

第一是公司合伙人的参与对象可以是企业的核心员工，也可以是企业的经销商，这种方式能实现员工身份的转变，让企业实现由内驱式发展向外延式发展的转变，把合伙人变成企业共创、共享、共担的事业伙伴。

第二是合伙人的建立标准必须明确，一定要先在核心人员中实施。通过完善的股权架构搭建、调整并利用不同的激励模式，如限制性股份、期权、虚

拟股等多种方式进行股权设计，还要保障公司的控制权不受影响，明确合伙人退出机制等，确保制度的实施与企业发展相匹配，实现企业与个人的利益最大化。

第三是制度的建立必须有法律保障，合伙人间的权力与义务关系一定要明确。合伙人制度的设计与公司股权架构的调整及各股东的利益息息相关，一旦出现法律上的瑕疵，非但不能使合伙人顺畅地处理问题，还容易引发矛盾。若影响公司的正常运作、动摇公司股权的稳定，那建立合伙人制度就得不偿失了。

阿里巴巴股权激励赏析

阿里巴巴集团自成立以来，曾采用 4 项股权奖励计划授出股权报酬，包括阿里巴巴集团 1999 年购股权计划、2004 年购股权计划、2005 年购股权计划及 2007 年股份奖励计划。

阿里巴巴集团的股权激励制度，是马云和阿里巴巴高层研究完善的，即 "受限制股份单位计划"：**让员工逐年取得期权，这样有利于保持团队的稳定性和员工的积极性，也能为阿里巴巴的收购大局提供筹码。同时，阿里巴巴也通过股权激励留住了员工。**

在阿里巴巴集团的股权结构中，管理层、雇员及其他投资者持股合计占比超过 40%。阿里巴巴网络的招股资料显示，授予员工及管理层的股权报酬包括受限制股份单位计划、购股权计划和股份奖励计划 3 种，不过在外界看来，如何获得、规模怎样显得扑朔迷离。

一次授予，每年只给 25%

受限制股份单位计划是公司留住人才的一个重要手段。受限制股份单位计划本质上是股票期权，员工获得受限制股份单位后，入职满一年才能行权。而每份受限制股份单位的发放是分 4 年逐步到位的，每年授予 25%。由于每年都会发放新的受限制股份单位作为奖励，员工手中所持受限制股份单位的数量会滚动增加。

这种滚动增加的方式，让阿里巴巴集团的员工有一部分尚未行权的期权，这样就帮助公司留住了员工。

阿里巴巴网络 2011 年财报显示，截至 2011 年年底，还没有行使的受限制股份单位数量总计约 5264 万份，都是员工持有的。2012 年，阿里巴巴网络进行私有化时，阿里巴巴集团对员工持有的受限制股份单位同样按照 13.5 港元／股的价格进行回购。

对于已经授予员工但尚未发放到位的受限制股份单位，公司会在这部分到期发放时再用 13.5 港元／股的价格行权。

在阿里巴巴集团中，除了曾上市的阿里巴巴网络较为特殊外，其他业务部门的员工获得的受限制股份单位是针对集团股的认购权，而在阿里巴巴网络退市后，新授予的受限制股份单位也都改为集团股的认购权。

实际上，受限制股份单位奖励和现金奖励是不同的。**受限制股份单位奖励反映了公司认为你是否未来还有价值，当年的业绩不好可能现金奖励不多，但如果认为未来价值很大，可能会有较多的受限制股份单位奖励。在一些特别的人才保留计划下，也可能会提前授予受限制股份单位奖励，一般来说，每个员工每年都可以得到至少 1 份，有些也可能是 2 份。**

从本质上来看，在受限制股份单位和购股权激励下，员工获得的都是股票期权，二者的不同之处在于，受限制股份单位的行权价格更低，仅 0.01 港元。以退市前的阿里巴巴网络为例，持有其购股权的员工可能会因市价低于行权价而亏损，而对于持有受限制股份单位的员工而言，除非股价跌至 0.01 港元之下才会"亏损"。

在阿里巴巴没上市前，阿里巴巴集团授出的集团股的受限制股份单位并没有可参考的市场价。2014 年 9 月 19 日，阿里巴巴集团在纽约证券交易所正式挂牌上市前，内部交易价格从普通股 15.5 美元／股已经涨至 30 美元／股。阿里巴巴只有在行权的时候才会知道（公允价格），所有人都适用同一个价格。

阿里巴巴集团内部有一个专门负责受限制股份单位授予、行权、转让等交易的部门——option（期权）小组，受限制股份单位可以在内部转让，也可以转让给外部第三方，均须向 option 小组申请，一般而言，option 小组对向外部转让的申请审核时间更长一些，需要耗时 3 ~ 6 个月。

也就是说，员工持股只是在行权时才能带来一次性收益。假设一名员工 2009 年加入阿里巴巴集团，获得 2 万股认购权，每股认购价格 3 美元，若 2012 年行权时公允价格 13 美元 / 股，那么行权将带来 20 万美元收入。

并购金部分采用"受限制股票"

在阿里巴巴集团的并购交易中，一般现金支付部分不会超过 50%，剩余部分则以阿里巴巴集团的受限制股份单位作为支付手段。

"这部分支付的受限制股份单位是从期权池中拿出来的，稀释一般是在一轮（新）投资时。"每次稀释后，从中划出一部分作为期权池，用于未来的员工激励、并购等。"离职的时候，尚未发放到位的股票期权也会重新回到期权池。"由于员工获得的受限制股份单位会滚动增加，直至离职的时候总会有部分已授予但未发放到位的期权。

一位曾参与阿里巴巴并购项目的人士说，通常并购一家公司的协议价是 2 亿元，阿里巴巴只会拿出现金 6000 万元，14000 万元则以阿里巴巴 4 年受限制股份单位的股权来授予。这一部分股权激励，主要是给并购公司的创始人或原始股东的。这也是马云并购公司的先决条件之一。

阿里巴巴就是用这种"金手铐"留住了员工，这也是阿里巴巴飞速发展的机制保障之一。阿里巴巴目前有 25000 名员工，中高层有 1000 ~ 2000 名，如果用陆续行权的价格计算的话，那么阿里巴巴自成立以来给员工及高管开出的红利，将是一个天文数字。

由于阿里巴巴股权激励的成功之道在于为人性设计了合适的制度，并且有效地执行，员工清楚自己到底在为谁工作，同时激发了他们的潜能。

星巴克股权激励赏析

1971 年成立的星巴克，在全球范围内已经有近 21300 间分店，这些分店遍布北美洲、南美洲、欧洲、中东及太平洋地区。星巴克作为咖啡快消品领域的国际品牌，从企业的高速增长，到为顾客提供优质体验，股权激励安排起到了重要作用。星巴克对员工的股权激励实在、实惠而又丰富多彩，每个员工都有机会成为星巴克的股东，正因为这样，星巴克的员工被称为"合伙人"，而且不容易被挖走。

星巴克的股权激励计划促使员工持有公司股份，通过激励约束机制使公司利益、员工利益与股东利益协同，完善了员工的全面薪酬体系，使员工能够关注公司的整体价值，让员工真正以合伙人的身份对待自己的工作。星巴克的股权激励如下。

1. 股票投资计划

所谓股票投资计划，是指星巴克员工在每个季度都有机会用抵扣部分薪水的方式，以一定的折扣价格购买公司的股票。申购者要具备的条件：在申购季开始之前，被星巴克连续雇用 90 天以上，且每周的工作时间不少于 20 小时。具备了这个条件后，公司会在申购即将开始前把申购资料邮寄到员工家里，每个员工的申购资金限额为其基础薪酬的 1% ~ 10%。

股票投资的折扣和交易方式：在每个季度结束后，需要在该季度第一个和最后一个工作日中，选择一个较低的星巴克股票的公开市场价格，把员工所抵扣的工资用低于市场价 15% 的折扣购买，也就是我们通常提到的"八五折"。

2. "咖啡豆" 期权计划

"咖啡豆" 期权计划赋予了更多员工购买并拥有星巴克股票的权利，星巴克这么做的目的非常明确，就是让员工充分分享公司的经营成果。申购者需具备的条件如下：从每年4月1日起至财政年度结束，或者自每个财政年度开始（一般为10月1日左右）到次年的3月31日，或者从4月1日开始到该计划当年被正式执行前，连续被星巴克雇用并且被支付了不少于500小时的工资。主管及以上职位的人员不参加 "咖啡豆" 期权计划，但可以参加专门针对 "关键员工" 的股票期权计划。

3. 股票期权奖励

股票期权奖励是在综合考虑公司年度业绩的基础上，公司董事会每年考虑给予符合条件的人员一定的股票期权作为奖励。员工个人要获得的股票期权数量由以下3个主要因素决定，如图7-1所示。

公司当年财政年度的
经营状况及收益率

个人在该财政年度的
基础薪酬

股票的预购价格或公司
允诺的价格

图 7-1　决定股权期权的 3 个因素

星巴克为员工提供的股票期权计划，不但是对员工基础薪酬的有益补充，还是对长期为公司服务并做出相应成绩的员工的奖励，同时又巧妙地把员工的利益和企业的利益紧密地结合在一起。星巴克这种主动与员工利益分成的激励模式，真正实现了与员工建立 "利益共同体"，大大激发了员工的工作热情，提高了员工的士气，调动起员工的积极性、主动性和创造性。

第八章

企业股权激励系统——顶层系统之合伙系统

资本眼中的股权结构

十几年前，如家、分众、携程、百度、蒙牛、小肥羊等就借助资本的力量成为各自行业里的"霸主"。由此来看，资本在企业获得快速增长的过程中起着至关重要的作用，因此企业需要借力资本，实现自己的领军地位和自己的财富梦想。

是不是企业只要引进资本，就能一夜暴富呢？答案是否定的。原因很简单，资本是有逐利性质的。它们介入你的企业，是因为有利可图，有钱能赚，并且这利和钱还不能少，否则，资本对你的企业是不感兴趣的。

十几年前，同样借助资本力量的还有亿唐公司、尚阳科技、博客网、PPG、亚洲互动传媒等，它们和如家、分众、携程、百度、蒙牛、小肥羊一样，都在商业模式上有了创新，创建了属于自己响当当的品牌，获得了 VC/PE 的疯狂追逐并获得巨额投资。

只要企业能帮投资人赚钱，资本就会投入。创业者在了解了资本的特点后，在为企业融资的过程中，不要奢望好运气，而是要针对自己企业不同时期的情况，寻找靠谱的投资人。

我一直认为，**企业融资融的不是钱，而是人**。这是因为有些企业与资本方会产生严重的冲突，这与最初的选择有很大关系。在中间磨合和双方沟通的过程中，也会存在很多问题。资本有时会导致企业走向一个极端，所以企业在融资过程中一定要慎重，要尽量配合资本的要求。

一般来说，最理想的股权结构：一股独大，如 A>B+C。为什么要一股独大呢？因为只有一股独大，公司才能权力集中，才不会因为意见不统一走入决策僵局。我们常说："家有千口主事一人。"企业也一样，不管有几个股东，最后必须只有一个人说了算。一般而言，资本方只要看到公司的股权结构是平起平坐的，就会望而却步，因为公司中两个股东的股权一样多，往往到了关键时刻，不知道谁听谁的，这样的管理会乱套，没有人能够对企业真正负责。真功夫的两个创始人之争，最后导致挺好的企业一直没法进入资本市场，其原因就是两个股东的股份是一样的。所以不管什么样的公司，想要获得资本方的投资，必须有一个说了算的大股东。

什么是大股东？

大股东不是指占公司 95% 的股权，其他合伙人占 2% 或 3% 的股权，投资人并不喜欢这种独霸山头的结构。投资人眼中的股权结构的股份比例，如图 8-1 所示。

> 大股东的股权在 51% 以上或者 67% 以上，
> 要小于或等于 90%

图 8-1　投资人眼中的股权结构的股份比例

为什么除了一股独大这个标准外，还要小于等于 90% 呢？

在很多投资人的眼中，如果创始人和其配偶的股权大于 90%，基本上存在以下两种可能。

第一种，在一些企业中，特别是夫妻经营的企业，企业家夫妇不愿意让团队分享公司成长的收益。这种格局的企业家是很难吸引顶尖人才加盟的，而在今天竞争日益激烈的环境中，1 ~ 2 位优秀的合伙人是必须具备的，否则企业的潜力很有限。

第二种，还有的企业家夫妇可能很大方，虽然他们想把股份分给别人，但没人要。

没人要的原因不外乎两种：一是不看好公司的未来，觉得公司的股权没有价值；二是创始人的领导魅力有限，不能在创业之初就感召到志同道合并且有实力的合伙人一起做事。

不管是团队不看好公司的未来，还是创始人的领导力不够，都可能导致投资人不看好这家公司。

资本眼中的股东人数

在产品市场化竞争日益激烈的今天，越来越多的企业开始认识到，单凭企业自身的力量很难在激烈竞争的市场环境中求得生存和发展。所以，企业的发展离不开资本的介入。那么，投资人喜欢什么样的企业呢？

一般来说，资本眼中的股东人数，如表 8-1 所示。

表 8-1　资本眼中的股东人数

决策型股东	上策：3 人以内
	中策：3 ～ 5 人
	下策：5 人以上
分红型股东	有限公司股东人数不得超过 50 人
	股份公司股东人数不得超过 200 人

除此之外，资本对股份有限公司和有限责任公司的要求区别如下。

第一，有限责任公司属于"人资两合公司"，其运作不仅是资本的结合，而且还有股东之间的信任关系，在这一点上，可以认为它是基于合伙企业和股份有限公司之间的公司；股份有限公司完全是合资公司，是股东的资本结合，不基于股东间的信任关系。

第二，有限责任公司的股东有人数限制，为 2 人以上 50 人以下，而股份有限公司是由 2 人以上 20 人以下为发起人。

第三，有限责任公司的股东向股东以外的人转让出资有限制，需要经过全体股东过半数同意，而股份有限公司的股东向股东以外的人转让出资没有限制，可以自由转让。

第四，有限责任公司不能公开募集股份，不能发行股票，而股份有限公司可以公开发行股票。

第五，有限责任公司不用向社会公开披露财务、生产、经营管理的信息，而股份有限公司的股东人数多，流动频繁，需要向社会公开其财务状况。

资本之所以对有限责任公司股东人数做出限制，考虑的主要因素有以下几点。

第一，有限责任公司是以资本联合为基础组成的，有限责任公司有资本联合的因素，同时还有在相互了解、相互信任基础上人与人之间结合的因素，也就是通常所说的人合因素，这就要求股东人数不宜过多。

第二，有限责任公司不公开募集股份，管理上是较为封闭的，在股东人数上需要一定的限制。

第三，有限责任公司一般规模不大，有股东人数限制，适宜于公司决策和经营。有限责任公司股东人数的限制，既包括参与公司设立的最初股东，也包括在公司设立后由于新增出资、转让出资、公司合并等原因新增加的股东，也就是股东总数不能突破最高限额。

资本眼中的股东结构

资本眼中的股东结构，如图 8-2 所示。

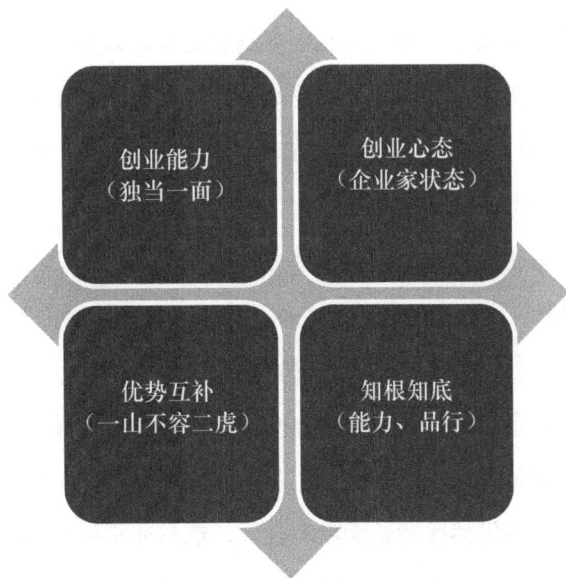

图 8-2　资本眼中股东结构的四大铁律

1. 创业能力

创业能力是指独当一面的能力。参与创业的每个合伙人应该是在创业过程中不可替代的人。各合伙人之间应该有各自的分工，能够独当一面。

创始人在创业的时候不能再像打工一样，打工时遇到困难能推就推，能躲就躲。而创业不一样，在创业过程中，不管遇到多大的困难，都需要自己解决。如果问题不能被解决，就会成为创业路上的阻碍，所以，创业者必须具备独当一面的能力，遇到任何突发情况，都能自如面对，并且能够很快地解决问题。

目前，腾讯已成为全球前十大市值的上市公司之一，这要归功于当年创立腾讯的"五虎将"。

1998年11月，马化腾与他的同学张志东"合资"注册了深圳腾讯计算机系统有限公司，后来又吸纳了曾李青、许晨晔、陈一丹3位股东。

为避免彼此争夺权力，马化腾在创立腾讯之初，就根据4个伙伴的特长进行了分工，让他们各展所长。马化腾是CEO（首席执行官），张志东是CTO（首席技术官），曾李青是COO（首席运营官），许晨晔是CIO（首席信息官），陈一丹是CAO（首席行政官）。

事实证明，马化腾对4个合伙人的分工非常明智，也非常正确。因为这4个人能在自己的职位上独当一面，这才有了腾讯今天的繁荣发展。

在我国的民营企业中，马化腾堪称一位优秀的创始人兼企业家，他既包容又懂得用人，这才使他能够选择性格不同、各有特长的人组成一个创业团队，并在成功开拓局面后仍然保持长期默契合作，这是非常难得的。而马化腾更为成功之处在于他从一开始就能很好地设计创业团队的责、权、利，团队成员的能力越大、责任越大、权力越大，收益也就越大。

任何创业公司在初创阶段都需要合伙人加入，而且每个合伙人都要独当一面甚至好几面，任何一个人拖后腿都将直接影响整体进程，每个创业伙伴都至关重要。所以，创始人在人选问题上需要谨慎再谨慎、斟酌再斟酌，尽最大可能寻找合适的人选。只有寻找到合适的合伙人，才能造就一支超强战队，不适合的合伙人则会严重影响到创业项目的发展。

2. 创业心态

创业心态是指创业者要具有企业家的状态。多年各界的行业经验，让我发现一个有趣的现象：**成就越高的企业家越是谦逊，不但待人接物周到有礼，而且时刻保持着求知和探索精神，时刻让自己与时代保持脚步一致**。这种积极向上、不断学习、与时俱进的精神，也是每位企业家需要学习借鉴的，我们且将其称为"企业家精神"。

什么是企业家状态呢？按照复星集团董事长郭广昌的说法就是不断地创新创造，不断地学习，不断地研究新的商业模式，并且有能力、有精力、有想法实现它。

创建于 1992 年的复星，是一家致力于成为全球领先的专注于中国动力的投资集团。复星集团创办以来，在复星集团董事长郭广昌的领导下，先后投资复星医药、复地、豫园商城、建龙集团、南钢联、招金矿业、海南矿业、永安保险、分众传媒、Club Med、FolliFollie、复星保德信人寿等。

复星集团在很多领域取得了很大的成就，并且能够长期发展。在发展自身的同时，复星集团为很多家庭幸福的生活付出了努力，并为推动中国经济做出了巨大的贡献。

2007 年，复星国际（00656.HK）在中国香港联交所主板上市。复星与员工、社会共享企业发展。2011 年，复星投资企业纳税 89 亿元，提供就业岗位 8.9 万个，年度员工薪酬超过 50 亿元人民币。2018 年上半年，复星医药实现营业收入1185899.96 万元，同比增长 41.97%；研发投入共计 118832.71 万元，同比增长89.82%。

在 20 多年的创业路上，复星集团董事长郭广昌，通过不断学习和思考，科研与创新，带领企业成长，最终取得了今天事业上的辉煌和巨大的成就。

复星的成功让我们发现，企业家的高度决定了企业的高度。而企业家的高度取决于企业家的学习能力、格局、阅历、智商……除此以外，还取决于企业家的视野、团队。

3. 优势互补

优势互补是指创业企业合伙人要各有所长。俗话说，一山不容二虎。纵观国内互联网行业单一创业者的现象最为普遍，但更多的是"孤胆英雄"。例如，新浪的创始人王志东、搜狐的创始人张朝阳、网易的创始人丁磊等。如果创业的两个人的关系不是父子、兄弟或者夫妻等关系，一旦出现矛盾时，创业团队解散的可能性会很大。所以，创业合伙人无论是性格，还是优缺点，一定要达到互补。

新东方于 1993 年 11 月 16 日成立，成立后发展迅速，并于 2006 年 9 月 7 日在美国纽约证券交易所成功上市。截至 2014 年 5 月，新东方已经在全国 50 座城市设立了 56 所学校、31 家书店以及 703 家学习中心。2017 年 8 月 31 日，新东方的 2018Q1 财季未经审核的财务业绩：净收入约为 6.61 亿美元，同比增长 23.8%。归属新东方的净利润约为 1.58 亿美元，同比增长 12.3%。

新东方的迅速崛起，是因为创始人俞敏洪找对了合伙人徐小平和王强。更重要的是，他们能力互补、各有所长。3 个人的知识架构、思维方式、性格，以及对市场、产品的理解上的差异性都非常大，不管摆在眼前的问题多么棘手，无论一件事多么着急，3 个人都不会慌张，而是保持冷静，从战略的高度去做决策，达到了事半功倍的成效……他们互补的本质，也是新东方成功的基础。

企业团队中的每个人要个性鲜明、能力突出，有促成能力特别强的，有沟通能力特别好的，有阳光开朗能带来正能量的，有精明睿智能发出正确指令的……这样的公司是最被投资者喜欢的。

4. 知根知底

知根知底是指创业合伙人之间，特别是彼此的能力、品行要相互了解。亲密的朋友并不等于最理想的创业合作伙伴。理想的创业合作伙伴不但要求知根知底、相互信任，而且要求双方在能力上、性格上有较好的互补性。

谷歌的联合创始人拉里·佩奇和塞尔盖·布林，是在攻读斯坦福大学博士学位时认识的，但他们一开始并不是朋友。

在一次组织博士生游览校园时，布林碰巧充当了佩奇的向导，起初他们因为意见不合，互不相让，两个人一直在激烈地争吵着。

争吵归争吵，他们发现两个人研究的是同一个课题，有些共同的兴趣和爱好，两人有类似的技术背景，从小就喜欢电脑，父母都是大学教授，对数据采集的热情把他们联系起来，他们有了交集。在交往中，他们相互了解、相互包容，最后发展成要创办公司的共同想法，这些成为日后谷歌公司成立的基础。

在公司的发展过程中，两位创始人可能并不会"携手到永远"，但这并不影响公司诞生确实出自两个人之手这个事实。即使是极具"个人英雄主义传奇色彩"的比尔·盖茨和史蒂夫·乔布斯，在创业之初，也是与他人"搭伙"的。微软的另一位联合创始人保罗·艾伦是比尔·盖茨的中学好友。而苹果的联合创始人是那位排队买 iPhone 的史蒂夫·沃兹尼亚克。

合伙人需要背靠背的信任，同时还要相互懂得：**两个人要想达到默契的配合，必须相互了解、相互理解、相互包容，不要斤斤计较，同时还要多看对方的优点、会沟通，要相信共同做的事情，这是持续激情的发动机。**只有这样，公司在面对一些困难时，才能披荆斩棘挺过去。当合伙人一心一意地朝着共同的创业目标努力奋斗时，成功就会指日可待！

实际上，不管是投资人和融资人之间的关系，还是股东之间的关系，最重要的是要相互信任。

信任，是一种伟大的力量。因为相信所以敢于托付。信任的意义就是在一起能快乐。信任是一种有生命的感觉，是一种高尚的情感，更是一种连接人与人之间的纽带。创业者要想获得投资，必须想方设法地获得投资人的信任，或者说，让投资人觉得你是可信的。

马云创业之初，"十八罗汉"之所以心甘情愿地领着低薪跟着马云一起做着在别人看来的"白日梦"，就是因为他们信任马云；蔡崇信甘愿放弃美国优越的生活，辞去年薪百万元的工作，在马云这里拿着月薪 500 元，也是因为信任；几亿的淘宝用户，在网上买东西时，毫不犹豫地点下购买的按钮，也是因为信任，这样才让支付宝每天几百亿元的资金流动着……

总之，股东之间合伙，要站在如下角度。

一是相互熟悉，互相信任，这是"共同创业"的前提。

二是各有特长，合理分工，这是"共同创业"团队组成的基石。

三是有一个明确的、获得大家认可的"带头人"，这是"共同创业"的关键。

资本眼中的创始人

一般来讲，选择创始人，主要有 3 点注意事项。

1. 创始人尽量不要跨行创业

第一，隔行如隔山

西米网在 2008 年从 8000 元起家做零食电商，用小成本运作的商业模式，很快就做到了一年 700 万元的收入。可惜的是，西米网在扩张中出现了成本控制问题，这些问题包括开设实体店、自建仓储物流等，在现金流无法支持成长的情况下，2011 年 10 月，西米网宣布谢幕和转型。

2012 年西米网突然转型做午餐外卖，一年后关闭了该业务。紧接着，创始人又转型做 Blueface 蓝颜面膜，此次跨行创业，让西米网进入一个全新的行业，当时很多人不看好其跨行创业，果然，一段时间后，西米网的域名再也没能被打开过。

俗话说，隔行如隔山，创业者在没有任何把握的情况下，千万不要跨行创业。

第二，跨行穷三年

在外行人看起来很简单的行业，实际跳进去也会遇到很多麻烦，需要交很多"学费"。有些即使交了"学费"，也不一定能够成功。

2015 年 12 月 4 日，曾获得"中国连锁百强企业""中国软件百强企业"称号的一丁集团股份有限公司日前在福州宣告破产，其在全国的数百家分店已经关闭。

一丁集团是一家成立 15 年、员工人数超 2000 的老牌企业,多年来,获得过"中国连锁百强企业""中国软件百强企业"和"2013 年中国最具价值成长企业 50 强"等荣誉,还和联想、思科、苹果有过合作,可谓是知名企业。

从 2008 年起,一丁集团开始转型,上线了一丁网,旗下包括一丁到家、创客空间、全球购和智能生活四块业务,意图打造国内领先的 IT 服务 O2O 平台,同时还斥巨资在全国十几个城市落地 EAsmart 智能生活馆。其基本业务是在前景较差、产业链低端上打拼的。

一丁集团破产的原因是资金链断裂,没有盈利进账,归还银行贷款利息、民间借贷高息只能依靠借新还旧、拆东墙补西墙。

▼

任何企业在转型时,一定要抱着慎之又慎的心理,根据企业自身的条件,有了专业知识的积累、人才储备、技术储备时,再慎重考虑如何转型升级。

第三,真正的风口是熬出来的,而不是追出来的

今天的创业氛围,几乎每半年就有一个风口,因此导致了很多创业者不是踏踏实实做主业,而是在不断追逐风口的过程中投机,因为他们相信追上风口就能飞起来。事实上,真正的风口是熬出来的。

▲

北极光创投合伙人黄河,是一位从清华教师转型的技术研究型投资人。作为一个有着十余年经验的资深投资者,他专注于工业自动化及智能系统、能源环保领域的投资,在看似冷门的领域深耕多年,不过其项目投资成功率高达 50%～60%,堪称低调的投资赢家。

黄河在从业的十几年里,见识过很多风口公司,从当初的清洁技术到 O2O、AR、VR,再到共享经济,创业者如果总是试图追风,实际上是追不上的,而且风总有停的时候。例如,前些年的 O2O、VR 等,死掉的公司占比 95% 以上,活下来的是极少数。

黄河说:"创业者不要有任何的投机心理,踏踏实实做自己的事情,在任何一个领域都是适用的。要想清楚为什么做这件事，商业模式是不是正确，技术的领先性在哪里，能领先多久，应该用什么样的战略策略，什么时候该融资，融多少钱，应该在脑海里形成一个想法。"

由此来看，投资人喜欢的创始人，恰恰不是不断追逐风口的创业者，而是专注聚焦的创业者。

创业者只要忘掉投资人，专注做自己的产品，等产品出来了，经受了市场的检验，自然会有投资人找上来的。

2. 创始人尽量不要多重创业

投资人最喜欢专注一个领域的创业者，而不是同时有好几个产业的创业者，因为多重产业会牵扯财力。

对创业者而言，如果有多重产业，不管哪个产业都是自己的"孩子"，手心手背都是肉，任何一个产业有难，创业者都想救一救，这就很容易导致投资人投的钱转移到本来不想投的产业中去。

在互联网行业，一家公司的诞生和死去很难引起人们的关注，但亿唐是一个例外：它是曾经的新贵，高调诞生；它又一事无成，落魄到连域名都被拍卖。

1999 年，刚获得哈佛商学院 MBA 的唐海松创建了亿唐公司，其"梦幻团队"是由 5 位哈佛 MBA 和 2 位芝加哥大学 MBA 组成的。凭借诱人的创业方案，亿唐从两家著名美国风险投资 DFJ、SevinRosen 手中拿到两期共 5000 万美元的融资，成为中国互联网领域数额较大的私募融资案例之一。

唐海松拿到资金后，开始多重创业，致力于通过网络、零售和无线服务创造和引进国际先进水平的生活时尚产品，全力服务所谓"明黄 e 代"的 18～35 岁、定义中国经济和文化未来的年轻人。

2001—2003 年，亿唐陆续推出了手包、背包、内衣等生活用品，并在线上线下同时发售，同时还悄然尝试手机无线业务。2005年9月，亿唐全面推翻以前的发展模式，向当时风靡一时的 Web 2.0 看齐，推出一个名为 hompy.cn 的个人虚拟社区网站。之后，风光一时的亿唐网站就这样转型成为一家新的 Web 2.0 网站。2006年，亿唐把其最优质的 SP 资产（牌照资源）贱卖给奇虎公司换得100万美元，试图在 hompy.cn 上做最后一次挣扎。2008年，已经被关闭的亿唐公司只剩下空壳。2009年5月，亿唐被竞投人以3.5万美元的价格投得。

▼

导致亿唐失败的原因很多，但多重创业成为其失败的重要原因之一。任何人的精力都是有限的，面对多重产业，会牵涉创始人的精力，阻碍公司的发展。

例如，陈天桥执掌的盛大一心想打造"娱乐帝国"，2006年至今，直接或间接收购了180多家公司，但华影盛世、华友世纪、盛世骄阳最后全打了水漂，没了"后续答案"；太子奶在奶业基本成功的基础上，开展童装、商业、化妆品、食品、传媒等业务，结果拉长了战线，分散了资源和精力，资金链断裂便轰然坍塌。

3. 创始人的婚姻情感不要过于复杂

在投资人看来，创始人的婚姻发生的变故易导致公司股权纠纷，甚至直接影响公司 IPO。

▲

2012年3月，视频网站优酷吞并土豆成为 IT 界议论的焦点，许多人为土豆扼腕叹息。土豆比优酷更早创立，而且曾经处于领先地位，在相当长的一段时间内，两家公司不分上下，只是到了后来，土豆的市场领导地位才被优酷超越。原来，2010年11月，在土豆网酝酿多年准备赴美上市的关键时刻，CEO 王微前妻杨蕾半路截杀，要求分割土豆网38%的股权。由于创始人的家事，导致土豆上市首日下跌12%，市值7.1亿美元；优酷上市首日大涨161%，市值超过30亿美元。

▼

婚姻变故会影响创始人的精力，很难专注在工作上。

资本眼中的创始团队

"投资就是投人",几乎早期的投资人都会这么说,哪怕是公司到了成长期,我觉得也同样如此。**所谓的"投人",指的就是好的团队能够做出相对较好的决策,能够设计出相对合理的商业路径,对投资人来说,更有成功的保证。**

投资人在拿到融资者的 BP 时,大部分会先看一眼团队的介绍,并且会在脑子里思考几个问题,如表 8-2 所示。

表 8-2　投资人对团队的要求

1	这个创始人的背景和从业经历	即创始人的创业经验
2	这个团队的组合适不适合做这个方向	例如,一个做图书销售的团队,很难转型去做智能硬件,这就是所谓的不适合、不匹配
3	这个团队的分工	主要看有没有一些特别棒的人在这个团队里
4	这个团队是兼职还是全职	这个团队配置是否完整,分工是否合理,团队能力如何,是否能够做好现阶段的事情

股权融资是一个复杂的工程,投资人在投资一家企业前,会深层次、全面地了解企业和企业家,除充分了解企业创始人的能力、格局外,投资人还要考察创始人身后那个作战优良的团队。

一般情况下,创业团队的结构可以分为 3 种类型。

1.创始人能干,团队成员也比较有才华

这样的创业团队相对而言较少,只有极少数明星创业者才能达到这样的标准,如雷军在创立小米之前就已经是金山公司的总裁,不管是能力、资源,还

是个人品牌都已经积累到一定的高度，所以他出来创业，相对而言更容易找到明星级的创始人。

2. 创始人能干，属下相对来说弱一些

这种组合是指创始人很能干，但是属下能力比较弱。

3. 创始人比较弱，属下很能干

这种组合是指创始人比较弱，但属下的能力、资源都很强。

第一种组合是投资人的能力最喜欢的，但是碰到的机会凤毛麟角。市场上的创业团队大部分是第二种、第三种组合，在这两种组合中，投资人会青睐第三种组合。

动态股权分配原则

无论是公司管理的需要，还是未来利润分配、工商登记的需要，对公司而言，股权结构的确定是非常重要的。

公司股权分为静态股权和动态股权。由于静态股权分配存在利益分配格局一成不变的弊端，无法适应初创团队后续面临的多变环境，并且容易让团队成员因为比较而心态失衡，丧失合作发展的基础。股权在创始之初的价值并不大，创始团队成员真正需要做的是专注提升公司的整体价值，并非纠结于股权的初始静态比例。所以，过早固化团队成员的股权比例并不是一件好事。动态股权则可以解决公司未来面临股权结构不平衡这一难题。

所谓动态股权激励，主要是指在预先划定团队核心成员所享有的静态股权比例（初始股权比例）的基础上，按照成员所负责的业务（项目）给公司带来的贡献率超过其初始股权的部分进行计算，这是一种按资分配与按绩分配相结合的方法。

甲、乙、丙一起创业，由于甲方从业时间长、经验丰富，丙方年轻资历浅，乙、丙都想借助甲方的力量一起创业，故初始持股比例定为甲60%、乙30%、丙10%，孰料公司经过一年的发展，由于行业的发展和变化，甲方的业绩表现最糟，业绩贡献为10%，乙方的贡献为30%，丙方的贡献为60%。

在这种情况下，如果继续按照初始持股比例分配利润，丙方会有意见，或是丧失工作的积极性，或是选择离开团队。如果企业实行了动态股权，并将当期贡献分配率定为 30% 的话，股东权利的相应比例就会调整为甲 45%、乙 30%、丙 25%，如后面各方状态不变，甲方的比例将递减，而丙方的持股比例将递增。

如果甲方由于适应了新环境而逐步发力，业绩变优，甲方的持股比例又将提高。团队因为公平分配而得以保持稳定并不断发展。

怎么设计动态股权才有激励性呢？

动态股权的设置要结合初创公司所处行业、团队成员个人情况等综合设定，核心是如何合理认定各核心成员的贡献价值，主要考虑的因素如图 8-3 所示。

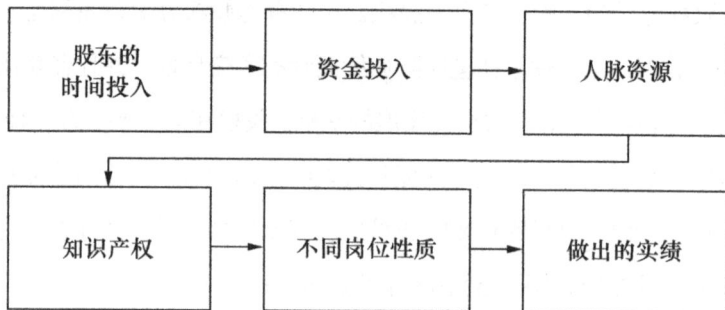

图 8-3　动态股权结构

在制定动态股权制度时，要考虑历史贡献，同时要分析企业所处行业的特点和企业的发展阶段，预设一些动态的模型和第三方的评估机制。

在合规形式上，可以通过定期增发、股份认购、持股平台等方式实现，或是为了避免外部登记的股权比例的频繁变动，股东之间可以通过内部约定股东分红、表决权等股东权利相应的动态变化，但不变更对外登记的股权比例。另外，动态股权也应当与高管薪酬、员工股权激励相结合，增加整个企业的活力。

总之，创业公司在组建团队时，应慎重考虑，不要使各方没有回旋的余地，影响公司的整体发展。

一个好的股权激励和分配机制，可以让初创企业把所有精力集中在业务上，实现快速成长。固定不变的静态股权分配已经不适合现在的互联网初创企业，动态股权的分配机制更为灵活。

一家互联网公司要做一款互联网产品，在产品开发前期，技术负责人的工作量非常大，而且极其重要，这个时候可能公司给技术部门20%的股权。运营推广部门前期并没有太多工作，可能只拿1%～2%的股权。但是随着产品开发出来推向市场之后，技术部门的重要性降低了，运营推广部门变得非常关键，如何扩大用户群、如何留住用户变得至关重要，这个时候股权就要做相应的调整。

每次创业团队意识到有必要调整股权结构的时候，都是对所有创业者人性的考验。对于在这个变化万千的环境中能够找到突破口、生存下来的强者，动态的股权分配才是最合适、最有价值的解决方案。

动态股权设置的6个核心原则如下。

1. 体现每个创业者贡献的价值

这个价值包括很多方面，如金钱、时间、精力、专利、技术、资源等。公司要鼓励创业团队的每个人想方设法地把自己拥有的资源投放到公司，然后根据这些资源价值做股权的动态分配。你带来的资源稀缺性越高，股权的价值越高，或者股权的比例越大。

2. 体现公司发展阶段性的成果

每家公司达到和完成一个目标之后，可能要进入下一个发展阶段。员工在前一个发展阶段所冒的风险就要得到相应的回报，公司承诺的股权就要兑现到位。例如，一家互联网公司在第一个发展阶段是需要把产品快速开发出来，推向市场，当这个产品开发完毕之后，就应该在这个节点把原来承诺给开发团队的股权兑现到位，体现出阶段性的股权动态调整成果。

3. 要设有回购机制

创业这条路漫长，在发展中难免遇到很多困难，也一定会有个别初创成员在初创期离开公司另谋发展。所以针对内部任何一个股东，股权激励政策都必须有退出机制，股权要实现收放自如。股权是一家公司吸引资金、吸引人才、吸引资源的重要工具，所以每家创业公司都要珍视股权，设立一个回购股权的机制。

4. 一定要具备可操作性，不能过于复杂

再好的股权激励方案，如果操作起来过于复杂，实施成本过高，可操作性低，也会流于形式。在复杂性和可操作性之间一定要取得平衡，使股权动态调整的方案能够执行到位。

5. 契约化、合法化

股权激励本质上是一个团队契约，约定了如何分配公司的经营成果。企业要把这些内容形成正式的契约，也就是合法化的合同、公司章程，在工商局进行注册，以保障所有股东的权益。

6. 不要引起不必要的费用

股权激励涉及股权过户、财务核算、配套的法律和工商执行方案，这个方案不应该引起不必要的税费。因为一旦出现大额税费，会大大削减激励效果，甚至方案根本无法执行。

资金型股东入股技巧

一般的企业家喜欢按投资定股份，如一家公司有两位股东，A 投资 70 万元，B 投资 30 万元，一般情况下，A 占股 70%，B 占股 30%。如果 A、B 两个人当中，有一个人在公司上班，另一个人不在公司上班，怎么分配呢？

一般来讲，A、B 谁在公司工作谁就拿工资。这种模式在公司不盈利时，问题不大，一旦公司盈利之后，问题就比较大了。如公司投资 100 万元，一年能赚 1000 万元，这个时候，往往是干活的股东会觉得不公平。假如是投了 30% 的那个人是干活的，大部分生意也是他在做，但是他每个月只能拿一万元或是两万元的工资，而公司一年能赚 1000 万元，按照他 30% 的股份计算，他的收入远远低于那个占股 70% 的人，这样一来，就会出现出力的人不尽心工作或自己开公司的情况。

福建有一对亲兄弟，哥哥创业比较早，在武夷山做茶叶批发生意。

弟弟在上海读大学，毕业后，弟弟准备在上海找一份工作。由于哥哥做生意做了好多年，手头有了一点儿积蓄，他看到弟弟大学毕业后在上海打工，一个月只能拿几千块钱，刚够维持生活，觉得弟弟这样做没什么前途，就和弟弟商量："要不这样吧，你不用给别人打工了，咱俩合伙开公司吧。"弟弟答应了。

于是，哥哥投资了 100 万元，和弟弟在上海开了一家茶叶店。在分股份时，哥哥投了 100 万元，占 70% 的股权；弟弟没有钱，只投了人，就出力，占了 30% 的股份。

兄弟俩的公司开始运转后，生意越做越好，第一年就回本了，赚了将近 200

万元。由于弟弟在销售方面相当有天赋,第二年,公司赚了500多万元;第三年又赚了800万元,按照这个发展势头,第四年有可能赚到1000多万元。

但这时候,弟弟心里感到不平衡了,他越来越觉得不公平,心想:"钱都是我赚的,哥哥当初只投了100万元,现在他已经赚了好几倍了,但是永远都是哥哥拿70%,自己再怎么辛苦地干,也只拿30%。"

弟弟就跟哥哥提出来:"哥哥,你能多给我一点股份吗?我要的也不多,就是40%的股份,你占60%的股份。"

哥哥一听,心里不太满意,但嘴上没说,只说:"等我与你嫂子商量商量吧,毕竟这是我们两个人的财产。"

哥哥说了这话后,就没有了回信。弟弟又催过几次,哥哥都没有反应,弟弟就明白了哥哥不想给40%的股份。

此时,哥哥心里也有怨言,他想:"弟弟太贪了,当初你毕业的时候,才赚几千块钱,刚够维持生活,是我拉你出来创业,我还出了100万元现金让你做生意,今天你赚了钱,就让我多给你,你要想想,当初没有我这100万元的话,你怎么会有今天呢?"

而弟弟想:"当初哥哥虽然出了100万元,让我来做生意,但你的100万元早回本了,并且赚了好多倍。如果我不提出来,你永远比我多那么多,而这些钱都是我挣的。"

兄弟俩的分歧最后导致他们对簿公堂。

原来,弟弟看到哥哥不同意给他股份,就在外面开了一家同样的公司,自己来做茶叶生意。

如此一来,第四年利润大幅度降低,只有200万元的利润,哥哥发现弟弟在外另开了店,一气之下,就把弟弟告上了法院,要求法院判弟弟同业竞争。

案子宣判结果自然是不欢而散。

这个案例给我们一个启示，**企业在设计股权系统时，千万不能根据入股多少来分股份，如果有的人既出钱又出力，有的人只出钱，在这种情况下，要适当考虑出力的人占股的比例，同时，公司还可以按照身股、明股的方法分配股权。**上例中导致兄弟俩散伙的原因如下。

1. 观念意识

以前，如果公司启动资金是 100 万元，出资 70 万元的股东即便不参与创业，占股 70% 是常规做法；现在，**只出钱不干活的股东"掏大钱、占小股"已经成为共识。**以前，股东分股权的核心依据是"出多少钱"，"钱"是最大变量；**现在人才是股权分配的最大变量。**

2. 股权分配

很多创业企业的股权分配，都是"时间的错位"：根据创业团队当下的贡献，分配公司未来的利益。创业初期，由于不好评估各自的贡献，创业团队的早期出资额成了评估团队贡献的唯一指标。这导致有钱但缺乏创业能力与创业心态的合伙人成为公司的大股东；有创业能力与创业心态、但资金不足的合伙人成为公司的小股东。

正确的做法是公司的股权分为资金股与人力股，**资金股占小头，通常占 30% ～ 40%；人力股占大头，通常占 60% ～ 70%。人力股至少要和 4 年服务期限挂钩，并且同核心业绩指标挂钩。**

一家企业如果想永远立于不败之地，要明确自身的发展重点，从而规划出实施性强的企业发展战略规划。它必须有自己持久的竞争优势和清晰的发展战略规划。企业只有确定了战略规划，在引入资本时，才能起到如虎添翼的作用。

资源型、技术型股东入股技巧

创业者在创业过程中，最难解决的问题就是创业初期股东入股的问题，特别是资源型股东入股的问题。

所谓资源型股东，是指公司中承诺有很多资源的合伙人。在企业创立之初，特别需要借助各种资源稳定发展，然而一些资源型股东信誓旦旦地承诺有资源。由于刚创办的企业急于求成，往往比较看重资源型股东，通常会给其较大比例的股权，以吸引其加入。然而，当企业把大股权给了资源型股东后，对方当初承诺的资源却一直不能兑现。

资源型、技术型股东主要是针对未来看不见、摸不着的承诺，所以，企业在面对资源型、技术型股东入股时，不能只听对方"我有什么资源，我有什么技术"就让他们占有很大一部分实股。**面对资源型、技术型股东，企业可以实行分批兑现制。**

B公司创立之初，特别需要借助各种资源稳定发展。此时，资源型股东若有资源，就可以分给他股份，如他能带来100个经销商资源，或是带来10000个客户资源。

企业可以在入股书中增加一个补充协议。协议上要写清楚：资源型股东做到什么样的结果，公司就给他多少股份。如果资源型股东承诺带来10000个客户，公司就兑现给10000个客户的股权；如果能带来8000个客户，企业就兑现给8000个客户的股权，这些都要在协议里面补充清楚。

一家企业的成功，关键在于整个核心团队能够长期投入大量时间、精力去实现公司的战略目标，但仅仅提供资源不全职参与的人，对公司的长远发展并非有利，**此时不妨给其虚拟股（分红权）或者项目提成，后期通过业绩、参与度、贡献度等指标考核，再考虑出售股权，让其出资成为实际股东**，而不是一开始就绑定股权，这样可以避免一旦资源型股东未能兑现，也不影响企业的稳定发展。

另外，这两类股东还涉及年限问题，不能说股东加入之后就给他多少股份，而且还要写上满三年的股权，最好在协议里写好股权转让的条款。

下面，介绍一些资源型股东入股的技巧。

1."资源型股东"，要慎重给实股

可以先给资源型股东虚拟股（分红权）或者项目提成，之后再通过业绩、参与度、贡献度等指标考核，考虑出售股权，让其出资成为实际股东。不要一开始就绑定股权，一旦资源型股东未能兑现约定，也不影响企业的稳定发展。

2."技术型股东"，有条件给实股

企业在早期发展中，技术型人才的参与是非常重要的。在现实创业中，很多技术型人才经常身兼数职，难以全职参与到某一类企业的工作之中。在这种情况下，企业可以按照企业顾问的标准给予其相应的费用。如果该技术人才在企业需要其全职服务的时候能够全职参与其中，企业可以根据其服务年限设计灵活的浮动股权或者分红权，这样会有进有退，如有多位技术型人才同时辞职，还要注意错开解锁期，这样能降低技术型人才离开对企业持续稳定发展的影响。

绝不合伙的人员类型

对创业者来说，创业风险是巨大的，因为在创业的过程中存在太多的不确定因素，尤其是在选择创业伙伴时，一个合适的创业伙伴能够极大地提升创业的成功率，所以，创业者喜欢选择志同道合的伙伴一起创业。

创业者在寻找合作伙伴时，以下几类人是不能选择的。

第一类人，对钱斤斤计较者。

第二类人，对父母不孝者，对兄弟不亲者。

第三类人，长期生活、工作安逸之人。

第四类人，不爱学习者。

第五类人，消极悲观者。

第六类人，喜欢发牢骚、抱怨者。

第七类人，认为自己是一个全知者。

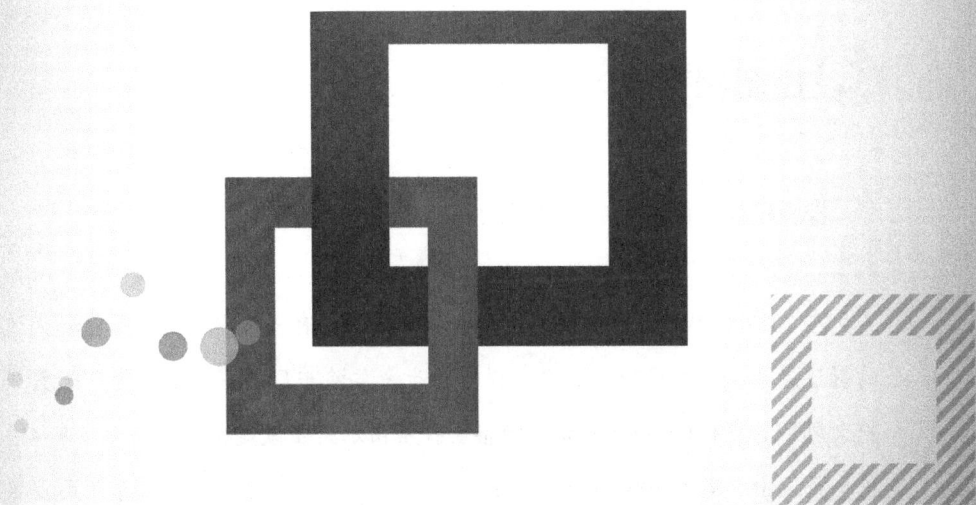

第九章 ◀

企业股权激励系统——顶层系统之布局系统

🎯 控制权布局

控股权对企业到底有多么重要？我们来看一个例子。

在 2017 年的热播电视剧《人民的名义》中，有一条主线紧紧围绕着大风厂的拆迁展开。大风厂的员工之所以冒着生命危险护厂自卫，是因为厂长蔡成功把大风厂的股权以 5000 万元的价格质押给山水集团做过桥贷款，以日息 4‰ 的价格获取山水集团 5000 万元的借款，按照事先约定使用 6 天，从京州商业银行拿到贷款后再偿还给山水集团。

由于银行突然断贷，大风厂不能还钱，过桥贷款变成高利贷，利滚利后就变成了大风厂不能偿还的债务。3 个月后，法院根据贷款协议直接判处大风厂的所有股权归山水集团所有。如此一来，大风厂的员工就等于没有了股权。

从上述案例中员工冒着生命危险争夺股权可以看出股权有多么重要了。我可以毫不夸张地说，**控股权之于企业，就是生命线**。为什么这样说呢？图 9-1会告诉你控股权的作用。

2017 年 2 月，直到监管风暴的来临，横跨 3 年的万科控股权之争才稍微平静了下来。不管万科股权之争的结果怎样，这场注定写入中国资本市场发展史、公司治理史上的财经事件告诉我们，不管在什么情况下，企业家要高度警觉控制权问题。

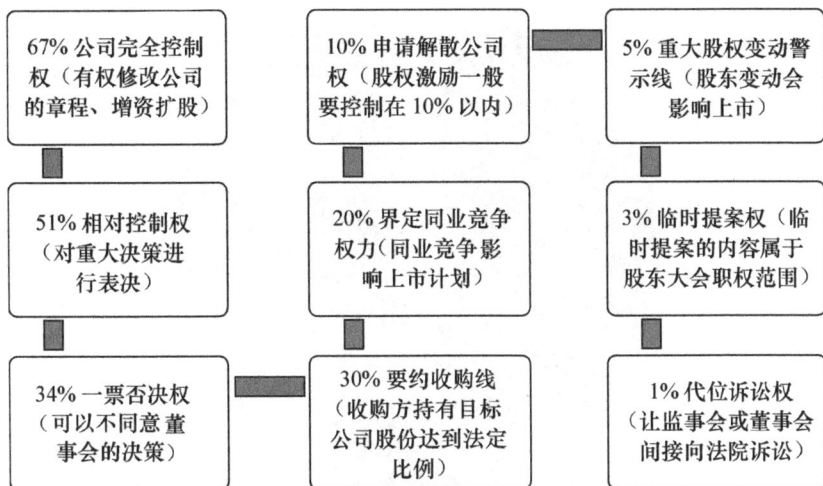

图 9-1　企业控股权的作用

一般来说，控股权分为绝对控股和相对控股，如图 9-2 所示。

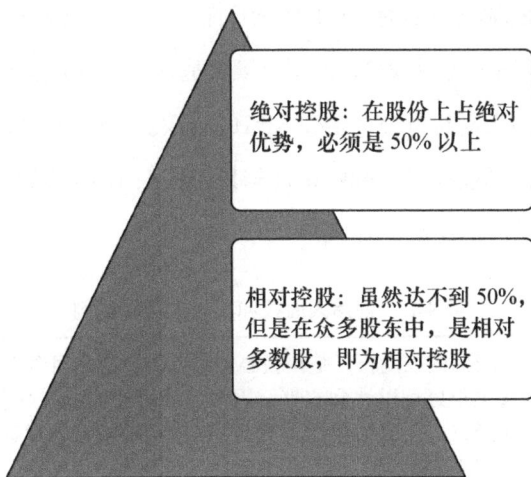

图 9-2　绝对控股和相对控股

控股权是股东对企业拥有 50% 以上的股份或者虽然股份在 50% 以下但所占股份比例最多，并因此能够获得对企业的经营活动实施影响和控制的权利。

企业的控制权如图 9-3 所示。

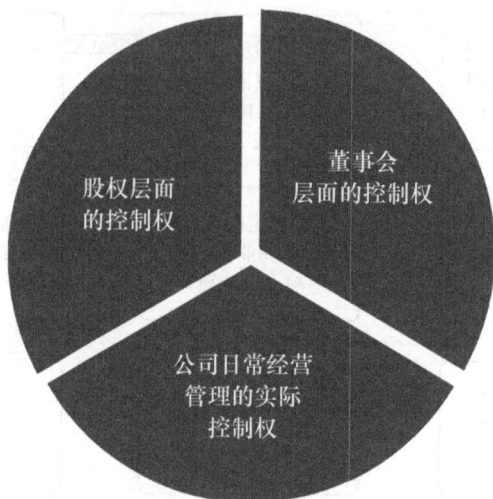

图 9-3　企业的控制权

（1）股权层面的控制权

股权层面的控制权包括绝对控股和相对控股。绝对控股权情形下创始人持股达到 67%，也就是说达到 2/3，公司决策权基本上可以完全掌握在手中；绝对控股权情形下创始人要持有公司至少 51% 的股权。而相对控股权往往需要公司创始股东为持有公司股权最多的股东，与其他股东相比可以保持对公司的相对控制力。具体情况，如表 9-1 所示。

表 9-1　创始人股权和其他人股权比例

1	掌握半数以上股权比例	股权层面的控制权，是指核心创始人要持有公司至少 51% 的股权，保险起见最好可以达到 67%，因为《公司法》中有些事项需要 2/3 以上股东通过，所以如果能占有 2/3 以上的股权，就意味着完全控制了股东会的决策权
2	投票权问题/一致行动人协议	• 如果核心创始人不掌握公司的多数比例股权，其他股东又同意让核心创始人说了算，就用投票权委托和一致行动人协议，使其他股东的投票权变相地集中到核心创始人身上 • "投票权委托"即通过协议约定，某些股东将其投票权委托给其他特定股东行使。例如，曾投资过京东商城与阿里巴巴等互联网明星企业

续表

2	投票权问题/一致行动人协议	的投资基金 Digital Sky Technologies（DST），通常会将其大部分投票权委托给被投资企业 CEO 行使。根据京东的招股书，京东在发行上市前，有 11 家投资人将其投票权委托给了刘强东。刘强东持股只有 18.8%（不含代持的 4.3% 激励股权），却据此掌控了京东过半数（51.2%）的投票权。 • "一致行动人"即通过协议约定，某些股东就特定事项投票表决采取一致行动。意见不一致时，某些股东会跟随一致行动人投票。例如，创始股东之间、创始股东和投资人之间会通过签署一致行动人协议加大创始股东的投票权权重
3	同股不同权	如果企业内部只有几个股东，可以通过其他方式使得某个股东的投票权占多数。通常投票权是按照股东的出资比例进行表决投票的计算，也可以在公司章程里规定不按照出资比例进行表决，可以依据公司章程制定的方式进行。例如，某企业注册资本为 100 万元，其中 A 出资 15 万元、B 出资 15 万元、C 出资 70 万元。A、B 和 C 分别享有 15%、15% 和 70% 的表决权，此时 C 对股东会就有控制权。但是，如果章程规定在表决时 A 享有 70% 表决权、B 和 C 分别享有 15% 表决权，此时 A 就对股东会享有控制权，尽管 A 的出资额只占 15%。不过只能是有限责任公司可以这样做，如果注册为股份有限公司就行不通了
4	通过有限合伙持股	与普通合伙企业相比，有限合伙企业的合伙人分为普通合伙人（GP）和有限合伙人（LP）。普通合伙人负责执行合伙事务，承担管理职能；有限合伙人只是出资方，不能参与企业管理。所以，创业者可以通过设立有限合伙公司，达到股东不直接持有公司股权的目的。具体做法，创业者要成立 A 公司，先把股东放在一家有限合伙公司，让这家有限合伙公司持有 A 公司股权，结果股东间接持有了 A 公司股权。同时，让核心创始人担任 GP，控制整家有限合伙公司，然后通过这家有限合伙公司控制 A 公司的股权。其他股东，只能是有限合伙公司的 LP，不参与有限合伙公司管理，也就不能通过有限合伙公司控制 A 公司。例如，注册一家资本为 10 万元的有限合伙公司，可以控制几十亿元资产的集团
5	境外的双股权结构	如果公司在境外注册,我们可以称作"AB 股计划"（或"牛卡计划"或"双股权结构"）（dual-class structure），即"同股不同权"制度。它的主要制度设计，包括公司股票区分为 A 序列普通股（Class A common stock）与 B 序列普通股（Class B common stock）；A 序列普通股通常由机构投资人与公众股东持有，B 序列普通股通常由创业团队持有；A 序列普通股与 B 序列普通股设定不同的投票权。例如，facebook、Google 与百度等企业都把其 A 序列普通股每股设定为 1 个投票权，B 序列普通股每股设定为 10 个投票权。2014 年上市的京东、聚美优品、陌陌等也采取这种"AB 股计划"

（2）掌握董事会的控制权

一家企业的日常经营事项，主要是由企业的董事会决定的。投资人等股东很少参加股东会，也很少通过股东会的控制权参与公司的日常经营，只是在重大事件的时候才召集一次股东会。所以，企业创始人一旦控制了董事会，就等于控制了公司的日常经营管理。

一位优秀的企业家会牢牢掌握董事会的控制权。例如，从首轮投资京东的今日资本开始，刘强东就在合同中约定："我永远要在董事会占有多数席位。董事会是公司的最高权力机构，作为一个创始人，控制不了董事会，还怎么搞？我有充分的自信带领公司前进，我不相信哪个投资人能取代我而把这个公司办得更好。我要控制董事会，这句话我非常赤裸裸说出来了，不会跟你隐瞒。"

（3）公司经营管理的实际控制权

控股权或者董事会控制权是对公司的最终控制权，是以法律为保障的，占着法定代表人的职位，拿着公章和营业执照，则是对公司实实在在的实际控制权。创始人只有掌握了这些，才能及时地介入公司的经营和管理，如表9-2所示。

表9-2　创始人要掌握的证件

1	控制法定代表人的职位	法定代表人有权在法律规定的职权范围内，直接代表公司对外行使各种职权，他的行为属于职务行为，代表公司行为，他造成的任何法律后果要由公司承担。因此，当法定代表人在合同上代表公司签字时，就和盖公司公章一样有法律效力，就表示公司同意了。要控制公司，绕不开对法定代表人职位的控制
2	掌握公章	·盖上公章，也就视为公司同意文件的内容了。所以，凡是以公司名义发出的信函、公文、合同、介绍信、证明或其他材料，一般都会要求加盖公章。没有加盖公章的文件，业务合作对象、政府主管部门及法院，一般都不会认可文件具有法律效力 ·虽然目前的法律并没有规定公章要归公司里的哪个人掌握，但在大多数要求取回公章的诉讼中，法官一般会认为，公章的管理属于公司自治范畴，在公司章程或股东会未明确公章如何管理的情况下，人民法院不能确定由谁管理。只有公司章程中明确规定，或者公司股东会作出决议，确定了公章由哪一方持有，法院才会判决支持哪一方取回公章

3	掌握营业执照	营业执照是企业或组织是合法经营权的凭证，其重要性犹如我们的身份证。公司如果办事，特别是在政府部门办事，需要出示营业执照
4	印章和证照	最好能掌握印章和证照；如果实在不能掌握，也可以解决。只要控制法定代表人职位、掌握公章和营业执照，即使印章和证照在其他人手里，也能挂失补办新的

由此来看，创始人要想牢牢地把握公司的控制权，最理想的方式就是把握公司的控股权，因为股权是对公司的终极控制权，公司重大的事项通常是基于股权由股东（会）决定的，如修改公司章程、任命董事、融资以及公司分立合并或清算等。所以，创始人在为企业融资时，必须懂得融资是你与资本之间的一场博弈，没有规律可循。不要以为融到的钱越多越好，必须结合公司的实际情况、融资的心理期待以及对资金的渴求程度决定。无论在什么情况下，创始人要想办法保住企业的控股权。控股权在，你的企业一定在；若控股权不在，你的企业会落入别人的手里。

融资布局

巴菲特有句名言："人生就像滚雪球，最重要的是要有很湿的雪和很长的坡。"企业融资不单是指筹备企业成立之初的启动资金，还包括为企业发展筹集备用资金。**这笔备用资金，是在企业遇到紧急或是突发事件时用的，也是企业战略转型所需要的资金投入。**

企业筹资的渠道各种各样，如图9-4所示。

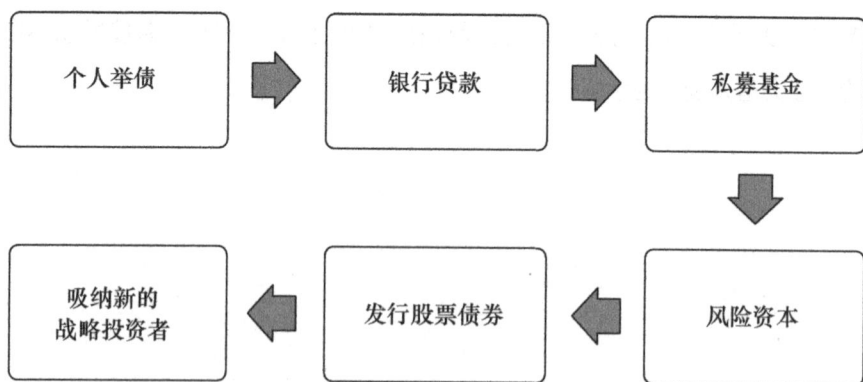

图9-4　企业筹资的渠道

企业能否使用上图中的渠道及时筹集到所需资金，考验的是企业家的本领。企业家在平时应该多在这些方面做工作。

企业的融资之路就像是一段漫长的旅程。不过，如果企业家能够在这个令人疲惫的融资过程中应用一些充满智慧的方法，就会取得不错的成效。

企业融资除了要有充满智慧的方法，还要把整个融资过程转换成一个强化版的商业拓展开发计划，包括开发创业生态系统，跟上行业发展的速度，不断创新商业模式，想尽一切办法拓展资源等。除此以外，企业家还要进行融资布局。

1. 明确企业所需要的融资规模

企业家有必要去拜访友人、贷款银行、天使投资人或私募基金。在这之前，应当首先明确企业到底需要多大规模的融资。通过计算每个业务所需要的投资额，并结合计划的融资轮数，可以得到企业所需要的总体资金策略。**企业的融资规划应该包括自下而上的项目现金流、损益表以及资产负债表。**

需要提醒的是，企业家要根据不同的资金投入情况假设出不同的业绩收入。如果想让企业快速发展，在融资计划中还要考虑所需的增长速率，并以此寻求一个更大的投资。任何一位企业家都知道，创业所需要花的钱一定会比最初想得多。所以，为了确保有足够的资金，初创公司的融资计划至少需要将现有业务延长半年到一年。

2. 选择适合企业的融资类型

一般来说，企业主要有两种融资类型，如图 9-5 所示。

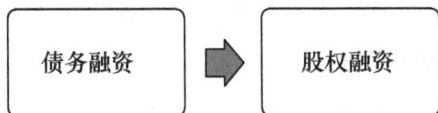

图 9-5　企业的两种融资类型

企业是选择债务融资还是股权融资，需要根据自身的实际情况和企业未来的业务目标选择适合的融资类型。

（1）债务融资

如果企业寻求短期的现金融资，债务融资也许是最佳方案之一。在债务融资方案中，企业需要通过借钱获得资金，并同意在规定时间内附带利息偿还贷方。债务融资可分为传统债务和风险债务。

（2）股权融资

股权融资是初创公司寻求的长期融资战略。初创公司可以通过出售一部分公司股份获得资金。如果企业获得成功，那么投资人就可以从投入中获得极佳的回报（通常回报率远高于普通银行利率）；但如果企业倒闭，投资血本无归。现在主要的问题是，创业者愿意为企业注入资金折价多少股份。与需要还款的贷款偿还方式不同，创业者可以用股权融资获得的额外资金重新投资自己的业务，并以此获得加速发展。

3. 企业要建立价值主张

企业价值绝不仅仅是依靠商务拓展所能获得的，当然，企业可以在时机成熟时寻求资金，但是企业经营者必须确保自己的经营策略正好切中行业痛点。

4. 掌握好融资时机

企业经营者要有足够的勇气挑战市场，但是也要做好随时失败的准备。了解市场本身的生命周期将有助于企业经营者合理安排时间。没有什么神奇的公式可以规划出企业产品推出的时机，因为这在很大程度上也需要运气和直觉。但企业经营者可以采取一切对掌握时机有帮助的措施，让企业在行业内保持领先，这样当企业占据行业的优势地位时，才能契合行业未来的走势。

5. 计划并管理市场营销时机

一家初创公司无法控制全部市场，但是通过建立产品开发流程，也能控制企业市场营销的时机。凭借紧抓市场的营销时机，企业可以抢得市场先机，并超越产品生命周期获得更多利润。如果创业者可以表现出对市场营销时机的关注，投资人将更有投资信心。

6. 找到适合自己的投资公司

寻找投资公司需要一个明确的重点，要么是在一个既定的行业或领域内，要么在公司发展中的某个阶段。创业者在企业融资路演方面极具经验，并有极强的竞争力时，创业者不需要把时间浪费在说明上；相反，创业者可以重点展示企业的产品销售策略，突出商业模式，以及行业内的竞争优势。

7. 融资前做好尽职调查

投资人在投资之前会对企业及创业团队做尽职调查，企业经营者往往也会在企业内部进行尽职调查，确保公司业务有条不紊。不过，企业经营者在伸手向投资人要钱之前，仍需要对潜在的投资者做好尽职调查工作。例如，参加一些"风投约见"活动，运用自己的资源获得一些和潜在投资人相关的消息。**投资人对哪方面的市场感兴趣？投资人的融资时间表是如何安排的？投资人的投资组合里面有些什么类型的公司？**你知道了上述问题的答案时，就是和投资人进行接触的最佳时机了。

8. 明确起关键作用的投资人

企业经营者准备接受风险投资时，要找准适合自己企业的风险投资人。时刻关注风投的博客和 Twitter 上的信息。根据他们的博客，以及他们经常在哪些地点活动，融资者要找到关键的信息：他们是谁？什么能引起他们的注意？

9. 多渠道寻找合作伙伴

对企业来说，融资不是只获得银行家、律师、会计师的支持就能成功的，还需要企业经营者挑选服务提供商，这些提供商要做的远远不止上面提到的服务，融资者需要把这些服务提供商转变成专业的合作伙伴。

10. 持之以恒地去做

获得融资的最后一步，实际上也是企业开始的第一步，那就是持之以恒。对初创公司来说，尽管有无数关于"下金蛋"的传奇故事，但获得资金不能仅凭运气，更重要的是需要仔细研究，寻找方法，坚持不懈。

🎯 布局系统之激励布局

激励布局分为 4 个层面，如图 9-6 所示。

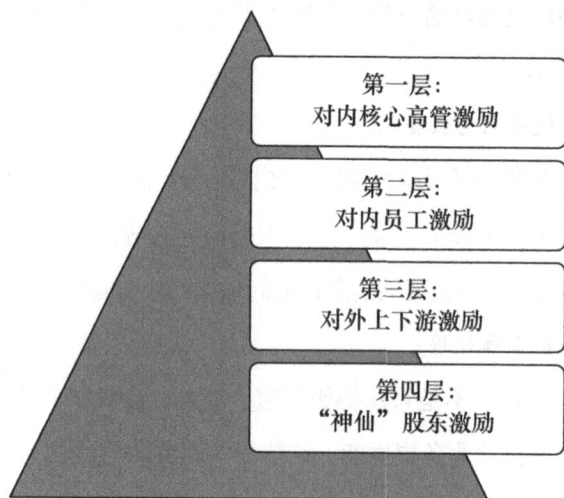

第一层：
对内核心高管激励

第二层：
对内员工激励

第三层：
对外上下游激励

第四层：
"神仙"股东激励

图 9-6　激励布局的 4 个层面

在进行激励布局时，我建议企业家对 4 个层面的股东都要进行激励规划，不管未来用得到或用不到。尤其是第一层和第四层股东，我建议在早期就要预留股权，具体方式是通过老股东的股权转让，预留给核心高管和潜在的"神仙"股东。

何为"神仙"股东呢？可能是重要的领导、资源拥有者、顾问等，这样的人一般不在公司任职，和公司也没有任何劳动关系，但是其能量巨大、资源广泛，这样的人一般不能成为公开的股东。一般由老股东或大股东预留一些股份给他们，形式上通常是代持或持股平台。

我们看到很多企业在实施股权激励时，并没有规划和步骤，往往是走到哪里是哪里，这样的激励近期可能有点激励效果。但从长远来看，将会给公司带来很多麻烦。

股权激励不是一锤子买卖，而是一个动态过程，要根据企业的发展对股权激励做一个长远的安排，否则就会出现大问题，这一点对拟上市公司的股权激励尤其重要。

一家拟上市公司打算拿出 25% 的股份做一个股权激励计划，他们针对现有骨干人员和过去的做出贡献的员工制定了股权激励方案，分完 25% 的股份。这就是目前很多咨询公司为国内拟上市公司制定股权激励方案采用的方法。

实施股权激励之后，如果公司在未来 5 ～ 8 年上市，就不会有任何问题。但是如果公司上不了市，这时候就会出现股权激励的后遗症了。10 年之后，当时激励的对象可能已经跟不上公司的发展，一些人就会带着股份离开，一些人可能从高管变成了中层，而新来的高管没有股份，那怎么办？企业家只好再拿出 25% 的股份对新来的高管进行股权激励，为此企业家的股份变成了50%。再过 10 年，同样的事情再上演一遍，企业家的股份变成了 25%。按照这样的逻辑演绎下去，到企业家退休之后，他就变成了小股东。这样的股权激励还有什么意义？

由此来看，公司的股权激励一定要和公司未来的资本战略结合起来，也就是在打算做股权激励的时候，企业家就要考虑好公司未来 10 年的资本战略：

公司要不要上市？

如果上市，要给 VC 和 PE 留多少股份？

上市后自己需要持有多少股份？

即使拿出 25% 的股份做股权激励，也千万不要一次分完，要留出相当大的一部分在未来 10 年做股权来源储备，为未来人才设计成长路径。

未来人才包括 3 种：

第一种是现在不在公司，随着公司发展需要引进的；

第二种是激励对象，由于职位低、贡献小获得的股权激励额度小，但是未来如果激励对象成长起来，成为公司主要的负责人，那么需要追加股权激励的额度；

第三种是刚到公司，属于公司未来"苗子"类型的员工，现在是不用给股权激励的，但是未来他们成为公司的中流砥柱时，肯定要给股权。

有些企业家就没有考虑公司的资本战略，将激励股份一次激励完毕，忽略了股权激励的长期性问题。根据我多年的落地经验，凡是企业家与员工在同一块"蛋糕"上分利时，"蛋糕"都很难做大；企业家唯有在员工分大头的"蛋糕"上设计出属于自己的"蛋糕"，企业方能腾飞！

企业家要用好股权：让员工与企业家成为共赢者，而不是博弈者！

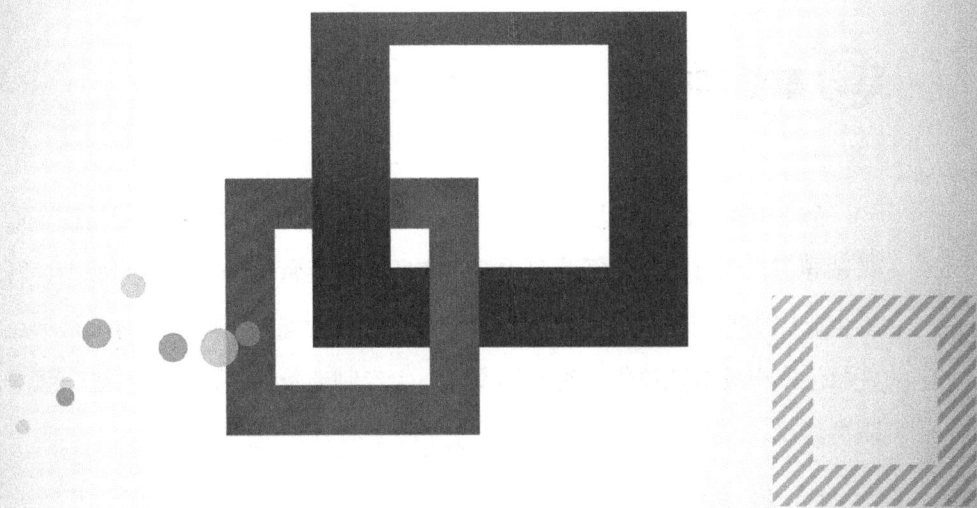

第十章 ◀

企业股权激励系统——顶层系统之架构系统

事业部布局

企业按照所经营的项目划分部门，设立若干事业部。事业部是在企业宏观领导下，拥有完全的经营自主权，实行独立经营、独立核算的部门，既是受企业控制的利润中心，具有利润生产和经营管理的职能，同时又是产品责任单位或市场责任单位，对产品设计、生产制造及销售活动负有统一领导的职责。

事业部布局最早源于美国的通用汽车公司。早在 20 世纪 20 年代初，由于通用汽车公司合并收购了很多小公司，企业规模迅速扩大，产品种类和经营项目也逐渐增多，使得企业内部管理出现混乱。

为了解决管理问题，时任通用汽车公司常务副总经理的 P·斯隆参考杜邦化学公司的经验，于 1924 年在公司用事业部制的形式完成了对原有组织的改组。此次改组，让通用汽车公司的整顿和发展获得了很大的成功。一时之间，成为企业实行事业部制的典型和榜样。

事业部制结构主要适用于产业多元化、品种多样化、各有独立的市场，而且市场环境变化较快的大型企业，其特点如图 10-1 所示。

1. 按企业的产出组合业务活动

具体来说，按企业产出组合业务活动，成立专业化的生产经营管理部门，即事业部。例如，产品品种多，每种产品都能占领市场的大企业，按照产品设置若干事业部，凡与该产品有关的设计、生产、技术、销售、服务等业务活动，都可以组织在这个产品事业部内，由该事业部总管；如果销售地区广、工厂分散，企业可以按地区划分事业部；如果顾客类型和市场不同，同样可以按照顾客和市场成立事业部。这样，每个事业部都有自己的产品或服务的生产经营全过程，同时为企业贡献出应得的利润。

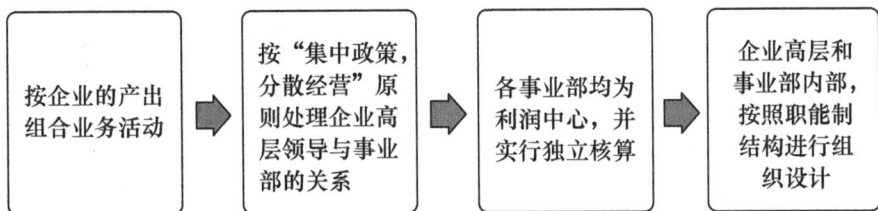

```
┌──────────┐     ┌──────────┐     ┌──────────┐     ┌──────────┐
│按企业的产出│ ⇒  │按"集中政策，│ ⇒  │各事业部均为│ ⇒  │企业高层和 │
│组合业务活动│     │分散经营"原 │     │利润中心，并│     │事业部内部，│
│          │     │则处理企业高│     │实行独立核算│     │按照职能制 │
│          │     │层领导与事业│     │          │     │结构进行组 │
│          │     │部的关系   │     │          │     │织设计    │
└──────────┘     └──────────┘     └──────────┘     └──────────┘
```

图 10-1　事业部制的特点

2. 按"集中政策，分散经营"原则处理企业高层领导与事业部的关系

实行事业部制后，企业最高领导层摆脱了日常的行政事务，集中力量研究和制定企业发展的各种经营战略和经营方针，而把管理权限下放到各事业部，各事业部能够依据企业的经营目标、政策和制度，自主经营，充分发挥各自的积极性和主动性。例如，通用汽车公司当初按照斯隆模型改组后，各事业部出售的汽车在公司规定的价格幅度内，除此之外，事业部是完全自治的。

3. 各事业部均为利润中心，实行独立核算

实行事业部制，意味着把市场机制引入企业内部，各事业部间的经济往来要遵循等价交换原则，结成商品货币关系。

4. 企业高层和事业部内部，按照职能制结构进行组织设计

从企业高层组织来讲，为了实现集中控制下的分权，提高整个企业管理工作的经济性，要根据具体情况设置一些职能部门，如资金供应和管理、科研、法律咨询、公共关系、物资采购等部门；从事业部来讲，因事业部规模小，产品单一，适合采用职能制结构。事业部制与职能制结构相比，主要区别在于其企业最高层领导下的第一级部门，是按照事业部制还是按照职能部制。

事业部制布局既能够帮企业规划其未来发展，也能灵活自主地适应市场出现的新情况并迅速做出反应，这种组织结构既有高度的稳定性，又有良好的适应性。同时有利于企业领导层摆脱日常行政事务，直接管理具体经营工作的繁杂事务，成为坚强有力的决策机构，从而提高企业的整体效益。

产业布局图

在企业的发展过程中，企业家必须对企业进行产业结构的布局和业务结构的设置，才能确保最佳的业务结构和产业结构。

企业家在对企业做产业结构布局图时，要考虑 3 个问题，如图 10-2 所示。

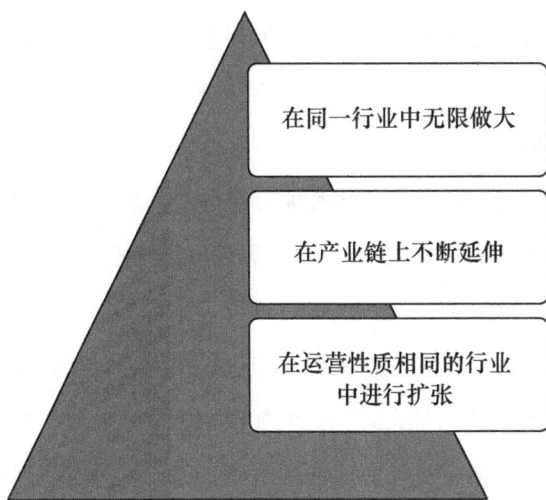

在同一行业中无限做大

在产业链上不断延伸

在运营性质相同的行业中进行扩张

图 10-2　企业家要考虑的 3 个问题

企业要想在有限的、既定的资源下进行产业布局，并使整体的投资和运营获得最大的发展和收益，就要找一些赚钱的行业和产业去投资，这样才能获得超额的平均利润和收益。但是企业的发展和业务的开展并不能以这种不断变换产业的方式进行，而是要相对固定地在一定的产业和业务范围内进行经营和发展。

由于企业的产业选择行为和业务结构选择行为都是在当时的既定环境、目的、资源、机遇下的一种投资和经营行为。所以，企业要紧盯"产业结构布局与业务结构布局最优"，"最优"的内涵与意义的立足点应当按照如下原则界定，**即进行业务结构布局选择的原则，实现整体的利益和效益最大化**，主要包括以下方面。

1. 企业现有的资源效益最大化

在现有的环境、条件和资源下，产业扩张和业务扩大能够使现有的资源实现效益最大化，这不需要太多的投入，只要发挥现有资源的优势就能获得更大的收益。例如，娃哈哈品牌资产效益的延展和发挥。

2. 未来发展潜力最大化

在现有产业和业务的基础上，通过产业和业务结构的调整和扩张，让企业的新产业和业务能够在未来获得更好的发展空间和发展潜力。例如，海信进入3C产业，进一步推动电视产业的发展，同时形成整体的网络视频技术和市场服务。

3. 把握住机遇

企业如果遇到投资机遇，即便和现有的业务关联不大，但是新产业和业务本身具有很大的发展潜力与空间，仍然可以进行新的投资与业务扩张。

4. 在经营中协同互促

新的产业和业务可以和现有的产业和业务起到协同互促的作用，在行业与市场中形成更大的竞争力与影响力。例如，TESCO（乐购）本身的主业是大型超市卖场，但是由于超市卖场离不开房地产业务，可以把房地产业务经营和超市业务经营整合起来开展。

5. 产业与业务的扩张方式

企业可以和现有产业相关的业务结合，争取把每分钱都留在自己的手里。例如，复星集团产业地产的战略布局。

复星集团进入房地产行业20多年了，目前，其足迹遍布中国各区域十余座重要城市。

　　复星集团关于产业地产有一个被称为"452"的战略规划，在这个类似于足球阵型的战略规划中，最重要的"5"就是五大蜂巢模式，它的类型是健康、金融、文化、旅游以及物流商贸。整个复星地产有4个轮子用于保驾护航，4个轮子分别围绕投资、融资、开发与商管。同时，复星地产还有一对"翅膀"，一个是在海外投资，另一个是国内投资，这些投资都是在找寻助力于"蜂巢城市"的建设。

　　从2012年开始，复星的产业又从集团层面进驻产业地产，布局了复地金石湾、海南三亚亚特兰蒂斯酒店、沈阳豫珑城、襄阳天贸城等一系列具有产业地产属性的综合性地产项目。到了2013年，复星又提出"蜂巢城市"理念，确定2014年是复星集团"蜂巢城市"战略元年，并在集团的层面确定了未来在中国最热的4个区域，从核心城市开始进行区域战略布局。

　　复星产业地产布局流程图分三步走策略，如图10-3所示。

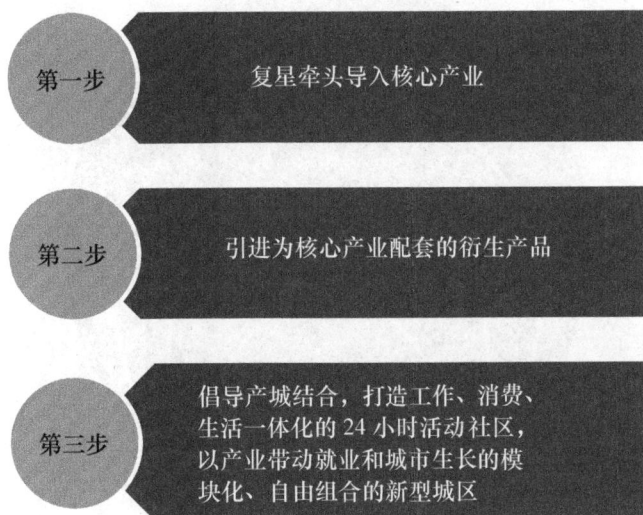

第一步　复星牵头导入核心产业

第二步　引进为核心产业配套的衍生产品

第三步　倡导产城结合，打造工作、消费、生活一体化的24小时活动社区，以产业带动就业和城市生长的模块化、自由组合的新型城区

图 10-3　复星产业地产布局

复星在发展历程中，积累了深厚的产业基础和渠道网络，并且大力发展资本管理业务。同时，复星还会继续向以保险为核心的投资集团转型，以对接长期优质资本，努力成为全球一流的投资集团。

与复星相比，阿里巴巴的产业布局突现了其特点。

2011 年，阿里巴巴的全年总收入达到 64 亿元，此时淘宝刚扭亏为盈；而腾讯 2011 年第 4 季度的营收达到 79 亿元，全年营收 284 亿元，利润超百亿元。然而，这两家完全不在同一水准的公司，今天却成为中国互联网的两大巨头。市值双超 3000 亿美元，折合人民币 2 万亿元。

2017 年，腾讯年营收 2377 亿元，净利润 903 亿元；阿里巴巴 2017 年财报营收 1583 亿元，净利润 579 亿元。

纵观阿里巴巴的产业布局图，主要分为四大版块，如图 10-4 所示。

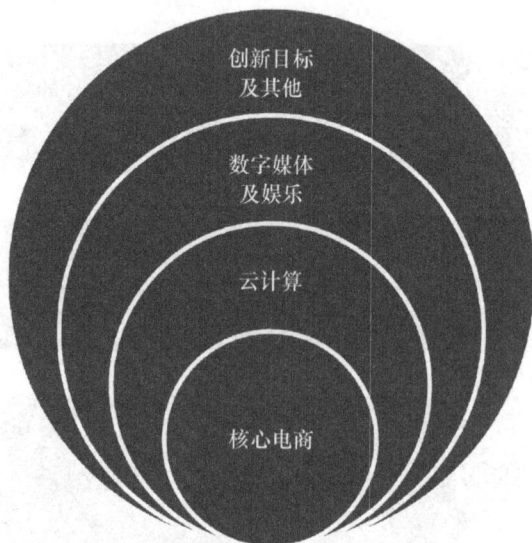

图 10-4　阿里的产业布局

德意志银行预计：到 2020 年，阿里巴巴云计算收入将超千亿元，占阿里巴巴总体收入的 27%。

阿里巴巴的"国际版淘宝"——速卖通，到 2018 年 4 月全球买家数破 1 亿。在大文娱方面，从阿里影业、优酷土豆到 UC，快速布局，全年收入接近300%增速，全年收入达 39 亿元，并且发挥出与商业消费的联动效应。

分公司和子公司布局图

一家未来的上市公司，一般情况下很少是单个公司，大部分的上市主体下面包含很多的分公司、子公司、事业部，还有很多孙公司、孙事业部等，如图10-5所示。

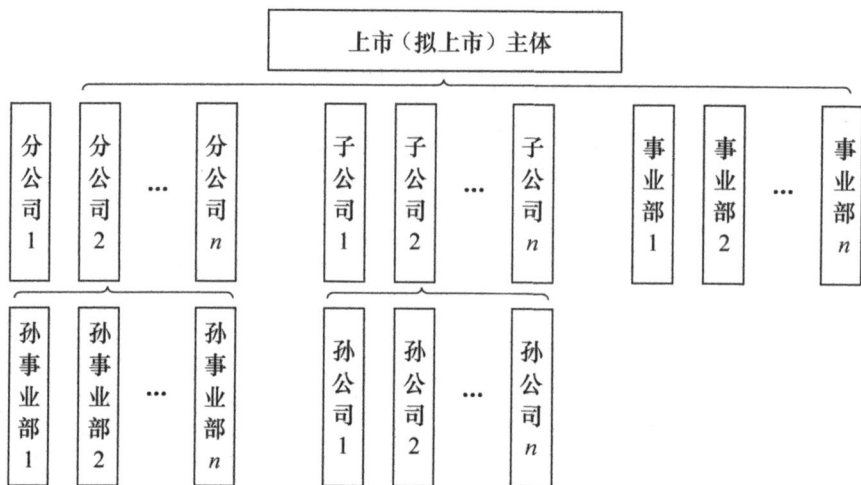

图 10-5　分公司和子公司布局

一般来讲，分公司和事业部是由上市主体全盘控股，其业务基本上属于上市主体的主营业务或为主营业务配套的业务。子公司情况相对比较复杂。

第一种情况在于其股权结构，子公司可以是上市主体控股结构（控股51%以上或掌握控制权），也可以是参股结构（小股东），同时在业务方面，可以是参股或控股与上市主业相同或相近的业务，也可能是参控股与主业完全不相干的业务。一般情况下，我们建议：**与上市主体完全不相干的业务尽量不要放到上市或拟上市主体下面，而是在设计股权顶层时剥离出去，让上市（拟上市）**

主体的业务更加纯粹和干净，这样做可以更好地为上市后的资本运作打下基础。

第二种情况最上一层的母公司不作为上市主体，只是旗下的某子公司或孙公司作为上市主体，这样的情况是很常见的，那么母公司就作为控股公司或投资公司而存在。在这种情况下，子公司和孙公司的业务就不一定和母公司主营业务相同或相近，只要不和拟上市的子公司或孙公司有同业竞争或不合理的关联交易即可。

一般在分公司和子公司、事业部布局方面，我们建议尽量不超过3层结构，偶尔有些大型控股公司有4层、5层或更多层结构。

第一层：上市（拟上市）公司。

第二层：分公司、子公司、事业部。

第三层：孙公司、孙事业部。

下面我们可以来看几个公司的分公司和子公司及事业部的布局案例。

案例1：平安保险分公司和子公司布局如图10-6所示。

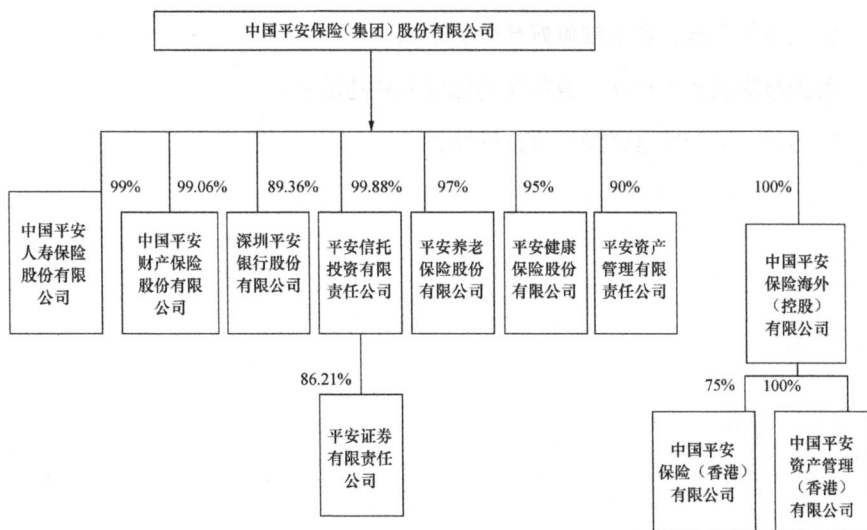

图10-6　平安保险分公司和子公司布局

案例 2：沙钢集团分公司和子公司布局如图 10-7 所示。

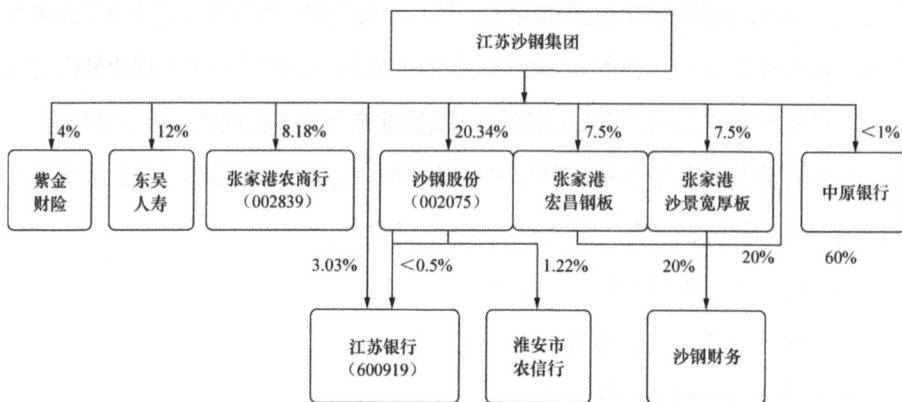

图 10-7　沙钢集团分公司和子公司布局

分公司和子公司的布局要注意以下三点：

为上市的合法、合规性做好充分的布局；

为上市后的资本运作、兼并收购做好充分的准备；

对激励对象的组合式激励预留好接口。

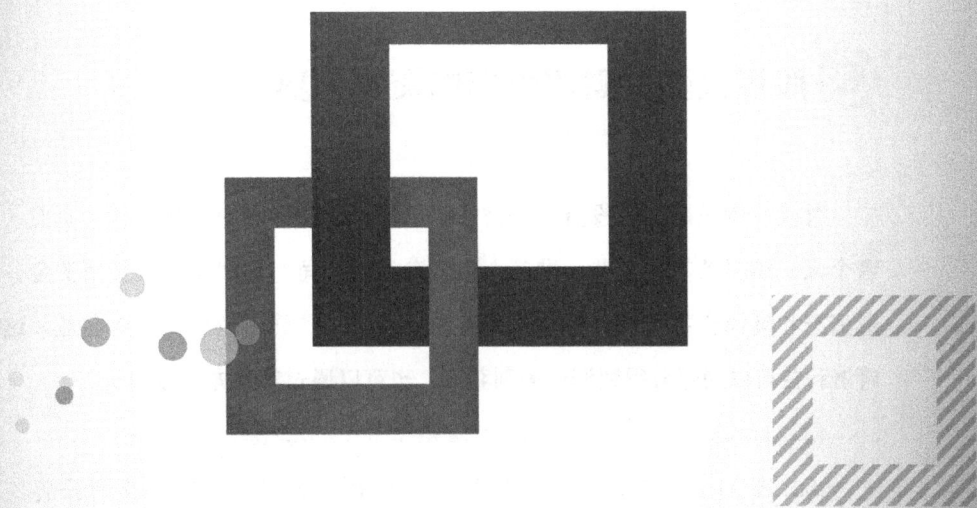

第十一章

股权投融资——左手卖产品，右手卖股权

股权投资：财富倍增的资本盛宴

股权投资是指通过投资取得被投资单位的股份，共有 4 种类型。企业（或者个人）购买的其他企业（准备上市、未上市公司）的股票或以货币资金、无形资产和其他实物资产直接投资于其他单位，为了获得较大的经济利益，这种经济利益可以通过分得利润或股利获取，也可以通过其他方式取得。

2007 年 11 月 6 日，阿里巴巴集团的 B2B 子公司正式在港交所挂牌。总市值超过 200 亿美元。最引人注目的是其独特的内部财富分配格局，阿里巴巴 4900 名员工持有 B2B 子公司 4.435 亿股。

2014 年 9 月 21 日，阿里巴巴上市不仅成就了马云，还成就了几十位亿万富翁、上千位千万富翁、上万名百万富翁。阿里巴巴上市前注册资本为 1000 万元人民币，阿里巴巴集团于美国时间 9 月 19 日在纽约证券交易所上市，确定发行价为每股 68 美元，首日大幅上涨 38.07% 收于 93.89 美元，现股价 102.94 美元，股本仅为 25.13 亿美元，市值达到 2586.9 亿美元，收益率达百倍以上。相当于当年上市前 1 元原始股，变成了 161422 元。

从以上例子可以看到，股权投资能引领财富增值，企业如果能够加入这一轮的资本盛宴，除了可以获得创投股权投资所得的投资收益，还可以撬动杠杆提升公司估值，实现财富增值。

股权投资的三大基本原则

尚德是一家主要从事晶体硅太阳电池、组件以及光伏发电系统研究、制造和销售的公司。2004年，尚德公司被评为全球前十位太阳电池制造商，又在2005年进入前6位。

2005年5月，随着公司不断扩大，尚德在全球资本市场进行了最后一轮股权投资，英联、高盛、龙科、法国Natexis、西班牙普凯等投资基金加盟，这些公司用8000万美元现金换得尚德公司7716万股权。

7个月后，尚德在纽约交易所挂牌，开盘20.35美元。筹得资金4亿美元，市值高达21.75亿美元，成为第一家登陆纽交所的中国民营企业。施正荣持6800万股，以13.838亿美元身价排名列百富榜前五名。

以上例子告诉我们，不管是公司，还是个人，使用股权投资都能获得巨大的收益。这种经济利益可以通过分得利润或股利获取，也可以通过其他方式取得。值得注意的是，股权投资虽然获取的利润可观，但毕竟是风险投资，所以，股权投资者要记住以下3点。

用闲钱做一些高风险、高利益的股权投资。闲钱是指在2~3年或3~5年即使全部亏掉，也不会影响公司正常经营或家庭正常开销的钱。

不要用超过闲钱的30%去投原始股权投资的项目，要做好资产配置。

千万不要借钱去投资原始股。

除此以外，股权投资者需要遵循以下三大基本原则。

1. 股权投资者要端正投资态度

由于股权投资如同与他人合伙做生意，追求的是本金的安全和持续、稳定的投资回报，所以，投资的公司能否在证券市场上市并不是最重要的，只要它能给投资人带来可观的投资回报就可以了。近几年来，随着公司上市带来股权价格的大幅上升，导致有些急功近利的投资者过于关注所投的公司是否"上市"，如此会忽略对企业本身的了解，这样会加大投资风险，同时给一些公司带来了可乘之机。社会上出现的一些投资被骗的案例，就是因为投资者过于相信对方说的"海外上市"、能获取暴利等。公司能上市更好，不能上市只要经营得好，也很不错。所以，投资者要端正投资态度，寻找公司要以"优质"为准，这才是投资的正道。

2. 股权投资者要了解自己所投资的公司

知己知彼，百战不殆。股权投资要想成功，投资者一定要对自己的投资公司详细调查、了解。例如，**公司管理者的经营能力、品质以及能否为股东着想，公司的资产状况、赢利水平、竞争优势如何等信息。**

除此之外，股权投资者可以通过在该企业或在银行、税务、工商部门工作的亲朋好友对其经营情况进行跟踪观察，也可通过一些渠道与企业高管进行沟通，还可以组织各企业高管与投资者召开"股东见面会"，并在股东大会期间组织"公司直通车"，由企业负责接送投资人参加股东大会并组织其对企业进行参观考察。

3. 股权投资者要控制好投资成本

这一点对于投资者很重要。因为对于优质公司，假如你买入的股权价格太高，有可能出现投资回收期过长、投资回报率下降等问题，算不得一笔好的投资。所以，股权投资者投资股权时，一定要事先计算好按公司正常盈利水平收回投资成本的时间。一般情况下，时间要控制在 10 年之内。

需要提醒的是，投资者控制投资成本的同时，还要摒弃暴富心理。有些投资者在买入股权时，会拿股权上市后的价格与买入成本做对比，这样就忽略了如果公司不能上市，何时才能收回成本这个问题。投资者过于追求暴利的心态，往往会加大投资风险。

识破股权投资骗局，掌握防范技巧

2008 年，50 多岁的王某（女）因诈骗罪刑满释放后伙同周某，利用其成立的 ×××× 股权投资管理股份有限公司等公司名义，对外虚构了投资盈利项目，为了骗取钱财，她利用高额回报做诱饵，公开向社会大众募集资金。

王某为了达到诈骗钱财的目的，又采用了与县级政府进行投资对接、赈灾、邀请名人举办金融高峰会谈、召开年终总结会等手段，营造企业资本实力雄厚的假象。

王某设计的一系列假象，最终取得了投资者的信任，开始有许多投资者为她投资。王某在收到大量的资金后，不但没有在一定时期内兑现承诺的高额回报，又诱骗投资者继续加大资金投入。

在隐瞒投资者期间，王某又捏造了上述几家公司已通过内部关系取得 ××A 股非公开增发的股权，同时又虚假承诺在短时期内用高回报率回购，然后签订认购书转让股权的方式向社会公众募集资金，骗取公众的投资款；编造其控股公司即将在美国股市上市的事实，以短时期内支付 2～5 倍高额回报为诱饵，骗取社会公众以购买原始股的方式进行投资，并将投资款非法占有；编造其公司非公开募集股份、黄金投资、理财基金、酒吧股权转让等事实，以高利润或者固定的高额利息为诱饵，通过借款、股权购买、黄金定投、投资理财等方式，向社会公众募集资金，而后将取得的各类款项非法占有。

在现实的经济活动中，不少人像王某这样，通过打擦边球或混淆概念，用股权投资之名干着非法集资的勾当。

股权投资作为一种较高收益的投资方式，一直是较高风险与较高收益并存的。除了较高的风险外，股权投资市场还存在很多普通人难以发现的骗局，这在无形中增加了投资者的风险。作为股权投资者，除了要识破风险以外，对于股权投资骗局，投资者要擦亮眼睛，下面介绍一些防范股权投资风险的技巧。

1. 认清股权投资的特点

股权投资有两个鲜明的特点：**一是增量资金进入公司；二是投资人作为股东会为这家公司做持续性的增值或服务。**股权投资通常是长期（至少在一年以上）持有一家公司的股票或长期投资一家公司。

股权投资有两种方式：**一种是股权投资把钱投到实体经济、投到企业中去，这时投资人就变成了企业的长期股东，也就是说，投资人等于是把自己的资源和隐性能力嫁接到了这家公司，为公司的长期发展做出持续性的贡献；二是通过并购的方式持有一家公司，并根据投资的数额，成为这家公司的第一大股东或者有重要持股比例的股东。**由此来看，投资者并不是通过交易去赚钱，而是根据这家企业的发展情况来赚钱。

2. 针对行业选择优质的公司

股权投资的事例说明，任何一笔成功的股权投资，都需要追热点行业。最重要的一个步骤是在正确的时机选对行业。如果我们熟读经济史，就可以发现，赚了大钱或者有大成就的人，**靠的往往是周期律，在正确的时间做了正确的事。**所以，投资者分析行业是关键，这需要每个人依据一定的方法。难就难在，投资时寻找好的项目，这一点跟我们找工作投简历一样，通常都是石沉大海，即使有机会去面试，也很难如愿入职。因为选对了行业不一定能够接触到最好的项目。从这一点来看，股权投资者最核心的能力就是接触到好项目的能力。

股权投资和找工作是同样的道理，在谈薪酬待遇时很纠结。不一样的是，这种纠结体现在说服自己和合伙人进行投资，而且还要在优质项目供不应求的情境下，说服创业者接受投资，还要确定双方都满意的入资额度、股权比例和约束性条件。

3. 熟悉股权投资的流程

目前资本市场上的投资机构有 VC、PE，几乎每家成名的公司后面都排着一长串的 VC、PE 等。当一个行业日趋成熟时，竞争会更加激烈。未来不再分 VC 和 PE，不过，股权投资并不只能是 VC、PE 这些机构，个人也是可以的，只是要求很高。如果你是圈内人，那么很多项目会给你投递计划书，等着你来一一筛选。

对普通投资者来说，目前可以参与的股权投资有 3 种形式。

（1）新三板

在国家政策引导下，新三板市场明显降低了投资者参与的门槛，如果手中有几十万元就有机会参与企业原始股权投资。但是一定要注意原始股骗局：有些企业利用在某地方股权交易市场挂牌的身份，对外宣称是"上市公司"。投资者要明白：挂牌 ≠ 上市，四板 ≠ 三板，天上不会掉馅饼，区域性中心仅是地方机构，企业在这个中心挂牌的门槛很低，跟 A 股市场根本没有任何关系。

（2）股权众筹

在"互联网+"时代，众筹模式开始兴起了，众筹咖啡馆、众筹天使投资，众筹作为股权出资注入公司，投资人成为众筹股东，持有公司股份。所以，股权众筹不可避免地涉及公司股权架构、公司治理模式，项目进行的过程也更为复杂。众筹股东面临的各种情况，某种程度上类似于上市公司的股东：股东众多而且相互之间不认识，大部分股东只是为了享有投资回报而不在意是否参与决策，股东对公司经营管理层的控制力被严重削弱。

在参加众筹股权投资时，股东在掏钱之前，一定要先搞明白，给发起人的投资款，获得的是股权吗？如果是股权，代持协议、入股协议签了吗？股东投票权怎么履行的？分红有保障吗？这些都用法律文件明确下来了吗？只有规范化进行资金才有保障。

（3）个人投资

个人投资者经常在知名平台上参加一些有抵押的小额股权投资。这类优质资产很少，海外投资平台有时候也会涉及。这需要投资者平时多关注同类信息，而且对自身要求较高。

总而言之，普通人做股权投资既要有足够的资金，又要有超前的眼光、见识、胆识。实际上，进行股权投资就是看好你所投资企业的发展前景，投入资金持有公司的股份后，等公司发展壮大享受公司的分红福利。公司以后发展的好坏，能发展到什么程度，谁也无法确切掌握，这只能看投资人自己的投资眼光，对这家公司理性且正确的分析；最后投资人必须有胆识，任何公司的发展都不是一帆风顺的，发展过程中面临着来自方方面面的多种多样的风险，有胆识的投资者此时具有强大的心理承受能力，同时投资人要有观察力，敢想敢做。

最后要提醒的是，投资人切莫听信一夜暴富的谎言，卷入非法集资而血本无归。

股权融资：用股权换来资金支持

2002 年 6 月，山东药玻成功发行 3200 万 A 股并上市，融资 3.89 亿元；2006 年年初完成股改；2007 年 2 月，定向增发 3488 万股，再次融资 2.99 亿元。两次融资和股改的保荐机构均为平安证券。

在融资前，山东药玻的股价在 5～6 元；通过平安证券的价值挖掘以及向众多机构投资者的推荐，目前山东药玻股价在 16 元左右，上涨了 160%。

前 10 个无限售条件流通股股东全部为机构投资者，且 QFII 占据了 4 席。

股权融资属于直接融资，是以公司股份交换投资方的资金，这种方法被人戏称为"割肉"，或"砍腿换车"。

融资者通过股权转让换来的资金是企业的股本金。投资者的股本金无须还本，但要和融资者共同承担企业的经营风险。与此同时，投资者也享受相应的利益分配，还有参与分享企业决策的权利。

股权融资的形式有两种：增资扩股和股权转让。

增资扩股是由投资者向企业增资，企业的总股本增加，投资者基于扩大后的总股本金来计算其占有公司股权比例。增资扩股得到的资金进入了企业账户，而不是企业家（融资者）的个人账户。

股权转让是由企业发起股东转让部分股权给融资者，换取相应资金。投资者是基于原有的股本金来计算其持股比例。按照这种方式融资，企业并未获得

资金，资金进入了企业家（融资者）的个人账户。

股权融资还有两种比较特殊的形式：资产作价入股和优先股融资。

如果投资者是实业投资者，以资产作价入股的情况比较普遍。这种模式与增资扩股的道理是一样的，只不过增进来的不是资金而是资产。

如果是其他投资者，优先股融资模式比较常见。投资者入资（增资扩股）之后，获得的不是企业的普通股，而是优先股。优先股的特殊性在于投资者虽然按投资比例持股，但是不按照投资比例分红（分配权益不与企业的损益挂钩，而是按照投资的固定比例分红），也不参与企业的管理。优先股融资往往有附加条件，就是发起股东需要承诺在一定时期内赎回投资者的优先股。

优先股融资表面上是股权融资，其实是债券融资，即定期分红相当于利息、定期赎回相当于偿还本金。

股权融资的两大必备工具

创业者要想让企业得到长足发展，融资是必不可少的一步。而股权融资作为时下主要的融资方式之一，广受创业者的青睐。很多国内企业在选择融资方式时，会优先选择股权融资。股权融资必须准备两大工具：精美的商业计划书和娴熟的路演技巧。

1. 精美的商业计划书（BP）

商业计划书简称 BP，是阐述一家企业正在或将要做的事情的文件。

商业计划书说得通俗一点就是"个人简历"。就像我们在找工作时投给招聘公司的简历。那么，投资公司喜欢看什么样的商业计划书呢？

一篇好的商业计划书既要有梦想和抱负，又要用数据讲故事、用团队去执行、踏实从小处做起才是真理。一个写作能力强的创业者，在写"商业计划书"时，会根据自己的想象，把企业的前景展现出来，能达到非常不错的效果。

商业计划书中总有琳琅满目的内容要写、故事要说。但很多商业计划书要么内容庞杂读起来费劲，要么梦想很丰满而内容很骨感……为了使自己的商业计划书能更好地引起投资人的兴趣，我总结了以往创业时写得较为成功的商业计划书的经验。很简单，就像我们平时招人时一样，首先是你这个人要有能力，其次是你的企业要符合他们的口味，具体来说，商业计划书包括的内容有以下 6 个方面，如图 11-1 所示。

（1）市场痛点

市场痛点是指你解决的是什么问题（市场），直奔痛点，看看你是"帮世界解决问题"的产品，还是"给世界制造问题"的产品。

（2）解决方案（产品）

你解决每个疑难问题的方案或者如何抓住机遇。

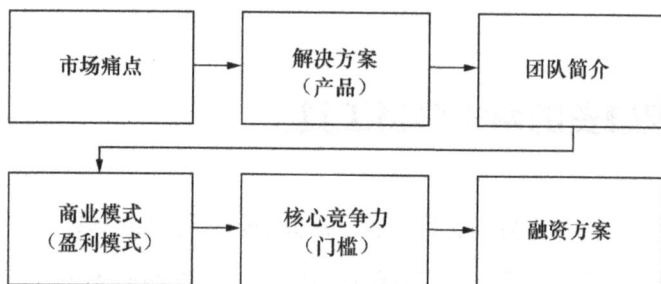

```
┌──────────┐      ┌──────────┐      ┌──────────┐
│  市场痛点  │ ───▶ │  解决方案  │ ───▶ │  团队简介  │
│          │      │  （产品）  │      │          │
└──────────┘      └──────────┘      └──────────┘
                        │
                        ▼
┌──────────┐      ┌──────────┐      ┌──────────┐
│  商业模式  │ ───▶ │ 核心竞争力 │ ───▶ │  融资方案  │
│（盈利模式）│      │  （门槛）  │      │          │
└──────────┘      └──────────┘      └──────────┘
```

图 11-1　商业计划书包括的内容

（3）团队简介

你的团队有哪些人？他们各自有什么特长？

（4）商业模式（盈利模式）

企业的市场在哪里？企业的客户是谁？企业的赚钱路径是什么？

（5）核心竞争力（门槛）

企业的竞争对手是谁？你与竞争对手各自的优势何在？竞争对手对企业的发展有何影响？

（6）融资方案

融资方式：股权融资还是债券融资？

融资用途：具体用途是什么？各个部分资金的配比怎样？

融资退出：退出方式有哪些？例如，上市退出、并购退出、保本付息退出等都要清晰呈现。

2. 娴熟的路演技巧

融资路演总体上可以分为两个部分：**第一部分是能清楚地向投资者传达你的目的，不论听你演讲的对象是否对你的产品感兴趣，是否愿意出钱投资你的创意，这都是最基本的；第二部分是为对你的公司或产品感兴趣的人准备的。**

登上融资路演的舞台不是一件容易的事情，尤其是当你第一次尝试做这件事的时候。有时，一些创意完全有可能转化为成功的业务，但是被糟糕的推介葬送了。为了避免发生这样的悲剧，当你向投资者推送项目时，可以使用下面的路演技巧。

（1）准备一份能回答投资人的商业计划书

路演的时间是有限制的，大、中、小型的路演类型，每家企业展示的时间为 5 ～ 20 分钟。企业要想在这么短的时间内打动投资人，需要根据不同类型的路演制作自己的商业计划书。

一般来说，商业计划书是对自己企业的梳理，梳理企业的过去、现在、未来是非常有必要的，可以根据不同行业和企业自身的特点可以灵活制作。商业计划书在路演中是演讲人的一个辅助工具，不需要把所有内容都放上，只要选择每个模块具有代表性的关键词句、直观的图片、统计数据等，PPT 越简洁明了越好。如果演讲时间允许，还可以加入短视频配合展示。

一份融资计划书路演 PPT 可以包含以下内容，如图 11-2 所示。

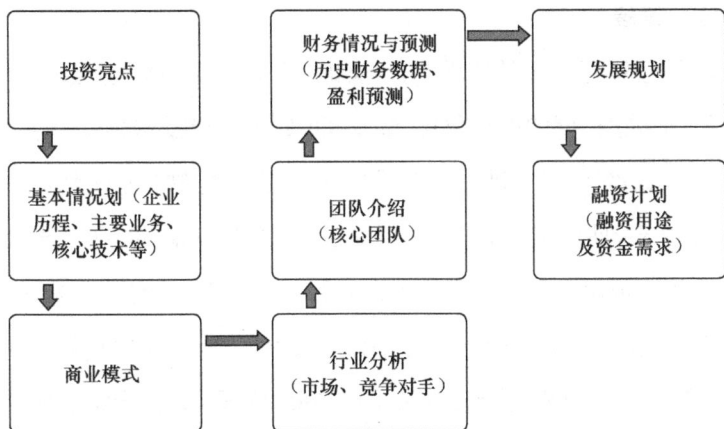

图 11-2　融资计划书路演 PPT 包括的内容

（2）要把 PPT 上的图表、数据声情并茂地表达出来，文字说明简单、精准

路演的 PPT 最好用简单明了的图表和数据表达，再用一些简短的总结性、强调性文字加以说明。最重要的是，在路演的时候，很多内容要靠演讲人自己声情并茂地讲出来。例如，目前市场上经常会有各种互联网企业产品的发布会，这些发布会用的 PPT 都是用图片或简短文字的形式展现，给人的视觉感直观、有冲击力。

在路演时，一定要用详细的数据明确告诉投资人。例如，你所在行业的发展趋势、你和竞争对手对比优势、你的历史财务情况和未来几年盈利预测等，尽量把数据说明融入故事，这样能够更吸引投资人的注意力。例如，你的企业在过去几年中曾经成长很快，你最好直接放上分析图表，相信这个增长趋势能很快引起投资人的兴趣。

（3）讲一个有逻辑、带感情的故事

路演的亮点在于向投资者表达、传递你的企业过去的、现在的、未来的成长情况，如果你能用精彩、生动的故事讲给投资人听，让投资人听懂、感动，路演就成功了一半。大多情况下，路演由企业家亲自上阵，因为是自己一手经营的企业，自己最了解。所以，在融资演讲时，企业家要多做练习。

成功的路演具有以下两点。

第一点，逻辑

根据你所处的行业，表达逻辑是不一样的。例如，互联网企业要先讲用户的痛点，就是我们通常所说的 Why（为什么做），即你的产品或服务能解决用户的什么需求；接着是 What（做什么），即你的产品或服务怎么去解决这些痛点；然后是 How（如何做），即你的产品或服务的商业模式、盈利模式；最后是 Who（谁来做），即团队配置。

再如，传统企业会先讲我们做的是什么，再介绍行业情况，接着介绍这个市场空间有多大，然后介绍商业模式、战略是什么，最后是如何盈利。

总之，无论你先从哪里讲起，都要把你的每块串联起来，像讲个有趣的故事，吸引更多的投资者关注。

第二点，要有感情

这要求演讲人把创业的激情和企业精神展现出来，不单纯是从头到尾直白地讲一件事情，而是把故事讲得生动有趣。讲故事既要用生动的语言表达，还要加入一些丰富的肢体动作，同时还要与在场的投资者互动。例如，当你把产品在现场直接呈现给投资人时，可以做一个小展示，最好让投资人现场体验，这样会让投资人有身临其境之感。例如，苹果公司 MacBookAir 发布会上，乔布斯在台上从信封里把精致的笔记本电脑拿出来时，让在场者眼前一亮。

（4）选择一个合适的演讲者

讲故事需要真情实感。企业家是最合适的演讲者之一，由于企业家一直参与企业的经营活动，所以不管处于企业的哪个阶段，企业家都了如指掌。同时，企业家作为企业的核心人物，可谓是企业的灵魂，把握着企业的发展方向。对于自己一手培育起来的企业，企业家是最懂企业的，也是最有体会、最有感情的。企业创立的渊源、发展的历程与企业家紧密相连。在这种情况下，企业家的讲话很容易打动投资者。

但也有一些企业家，由于是技术出身，表达能力有限，这时就需要企业家在路演前进行多轮演练，尤其是第一次路演。已经有了拟定的故事逻辑，演绎只是一种形式。最打动人的不是在台上用华丽的辞藻讲话的人，而是那些既懂专业又实干的人。

（5）演讲时要抓痛点、讲亮点

企业家在演讲时，一定要把企业产品的某些痛点讲出来，这些痛点是指产品如何解决用户的需求，痛点也是产品的亮点。

企业家要结合所在行业的特点突出企业优势，包括产品技术、核心团队、市场渠道、商业模式等。如果你的企业从事的是高科技行业，你的技术领先，这一点对手比不上你，这就是最大的亮点。如果你的企业是互联网企业，你的产品解决了用户的哪些痛点，是怎么解决的？你都可以尽情展示产品的细节和独特价值，这就是企业的亮点。

抓住了痛点和亮点后，企业家要在路演开始的 3 ~ 5 分钟，把自己企业的痛点和亮点提炼出来，这样更能吸引投资人的眼球。

（6）要比投资人熟悉所在行业的情况

企业家必须熟悉、了解所在的行业，这样你在演讲时才能吊起投资人的胃口。有的投资人对自己关注的行业也有比较全面的了解，但不见得了解得很透彻。这对企业家是有利的。企业家正好趁此机会，**如实讲清楚所处行业的现状是怎么样的？你处在什么阶段？链接的上下游是哪些？进入壁垒是什么？市场上有哪些竞争对手？你和他们的区别是什么？行业的利润率是怎样的？等等。**

除此以外，企业家还要对行业有独到的理解和想法，在演讲时展现你作为企业家的战略眼光。你对行业了解得越多，就会越有底气，投资人问任何行业相关的问题，你都能对答如流。

（7）突出团队优势，尤其核心人物

在投资界有句话叫，投企业其实就是投人。投资人不仅关注融资者的企业，更关注做企业的创始人。例如，当年给雷军投资的是女投资人李宏玮，她投资小米是因为雷军这个人，她觉得雷军有创业的激情，同时，雷军本人也是技术高手，他的团队有实力。所以，成功获得投资人的关键因素，既要有一个靠谱的创始人，也要有一个有实力的团队。

企业家在参加路演时，要多讲自己团队的优势，因为没有太多时间细讲每个团队成员的背景、从业经历，所以，尽量把团队中最核心的，与企业竞争力紧密相关的人讲出来，**如核心人物的经历是什么样的？团队里有什么样的资源？能解决哪些问题？企业家可以用讲故事的方式讲给投资人。**

（8）真诚地向投资人展示你的企业和自己

路演既是展示你的企业，也是展示本人的一个机会，多一些务实的话，少一些炫耀和吹牛的话。可以按以下几点来讲。

第一，讲技术

有些企业家演讲时爱说第一、全球领先，也许你真是全球第一，但也别这么说，哪怕谦虚点说能达到目前全球领先水平。千万别小看投资人的能力，他会关注你，一定是了解你所在行业的。

第二，讲竞争对手

千万别说没有对手，有些人上来就说我们没有竞争对手，如果真这么厉害，你还需要出来兜售吗？

第三，讲钱

千万别说你万事俱备，只缺钱。把你的融资计划讲清楚，需要多少钱做哪些事。你可以适当说出企业发展的困难，需要链接哪些资源。

第四，讲方向

千万别说你要成为下一个谁，你要成为行业第一，不切实际的幻想对投资人毫无意义，你是什么样，路演后投资人对你和你的项目基本就有判断。

第五，讲情怀

千万别讲这两字，投资人听过太多了，什么情怀、什么初心，这一部分可以放在以后讲。毕竟投资人要掏钱给你，不是来听你讲情怀的。

说到让投资人认为"最好看""最一目了然"以及最有说服力的演示文件，当属美国著名 VC 盖伊·川崎（Guy Kawasaki）曾为圣诞老人写过的一份融资PPT，他的项目和演示文件内容如表 11-1 所示。

表 11-1　盖伊·川崎的融资 PPT

1	解决什么问题	父母需要一种方法引导他们的孩子，这是从 3 岁到十几岁的孩子都面临的普遍问题
2	解决方案	给听话的好孩子糖果和玩具，给淘气的孩子大煤块
3	商业模式	• 跟玩具公司和糖果公司进行收入分成，卖形象经营许可给零售商，从电影、音乐和出版物收取版税 • 由飞行的驯鹿带着，在一个晚上将玩具送给全世界的小孩；通过烟囱进入家里，知道每个小孩想要的东西，知道每个小孩是好孩子还是淘气包 • 超过 50 项专利，完全环保，售后 100% 保障
4	市场营销	• 通过搜索引擎优化，Google 可有 15700000 次点击 • 跟玩具厂商、糖果厂商及零售商合作，增加品牌认知度 • 入侵西方文学领域 • 跟老年人合作，创立长期的品牌认知度
5	团队	有几百年成功经验的 CEO 圣诞老人，另外，还有会飞行的驯鹿，他们是全部免费工作，没有期权
6	预测	面对 20 亿儿童，保守计算，1% 的市场份额是 2000 万儿童。一个人每年贡献 10 元钱，就有 2 亿美元的收入

后　记

对比两年前我的另一本股权专著《中国式股权》，本书更详细地总结了自己从事股权研究十几年来的经验和心得，但毕竟理论和实践是存在"时间差"的，各位读者可能在知识层面有更多收获，但在实际操作中还是会遇到各种各样的细节问题，所以要特别提醒大家，在本书中提到的很多方法是适用于常规的股权问题的，但千万不能盲目照搬，一定要根据本企业的实际情况综合处理。

建议大家可以关注我们的公众号"股权资本研究院"，如遇到新的股权问题可以在公众号后台留言并留下联系方式，我们团队会安排专业顾问对你进行一对一的回访。同时也欢迎大家在喜马拉雅 FM 收听我的"股权百问百答"音频，或预约来我公司或线下课堂进行面对面的交流。